Michaela

Knospe

Auf die Bühne fertig ... los ... mit:

Käpten Schisshose auf großer Fahrt

Ein Theaterstück für Kinder von 6 bis ca. 12 Jahren

Miko-Verlag
Lesen&Kunst

Autorin

Michaela Knospe wurde 1960 in Trier geboren.
Sie arbeitet als Lehrerin, schreibt Kinderbücher und hat unter dem Pseudonym Beatrix Lohmann auch den Roman „Satansbraten“ sowie zwei Kurzgeschichtensammlungen veröffentlicht. Sie lebt mit ihrem Lebensgefährten und ihren beiden Hunden im Hunsrück.

Illustrator

Niclas Treinen wurde 1987 im Hochwald geboren und absolvierte nach der Schulzeit eine Ausbildung als Elektriker. Zur Zeit studiert er Kommunikationsdesign an der Hochschule Trier.

Miko-Verlag
Lesen&Kunst

1. Auflage
2015

Miko-Verlag
Lesen&Kunst
Umschlaggestaltung: Niclas Treinen
Illustrationen: Niclas Treinen
Herstellung: BoD GmbH Norderstedt
Printed in Germany
ISBN: 978-3-9815217-8-8

www.miko-verlag.de

Auf dem Schiff, der Wellentiger,
fängt das Abenteuer an.
Vorhang auf! Wir spiel´n Theater,
die Piraten sind jetzt dran.

(Michaela Knospe)

Inhaltsverzeichnis

Vorwort

Das vorliegende Theaterstück
„Auf die Bühne fertig ... los ... mit Käpten Schisshose auf großer Fahrt“
basiert auf dem ersten Band der Kinderbuchreihe um den kleinen, ängstlichen Käpten Schisshose.

Es handelt davon, dass Käpten Schisshose, der möglichst niemals seinen Heimathafen verlassen und in See stechen wollte, durch die Entführung seiner Lieblingstante Gitta dazu gezwungen wird doch noch auszulaufen. So erlebt er sein erstes großes Abenteuer und muss sich und seiner Mannschaft beweisen, dass er trotz seiner Ängste auch mutig sein kann.

Das Theaterstück eignet sich für Schulklassen, Schultheater-AGs sowie Theatervereine (bitte Lizenzrechte S. 15 beachten) und ist hauptsächlich für kleine Schauspieler zwischen 6 und 12 Jahren gedacht.

Die Anzahl der Schauspieler im Stück hängt von den Möglichkeiten der Gruppe ab und kann ohne große Probleme an deren Stärke angepasst werden. Die Mindestzahl beträgt ca. 10 Personen, nach oben hin kann sie bis auf 25 Schauspieler ausgebaut werden.

Dieses Heft enthält sowohl den Text des Theaterstücks als auch viele Anregungen, Hilfen und Tipps, mit denen es sogar Einsteigern ins Theatergenre gelingen wird, ein mitreißendes Stück auf die Bühne zu bringen.

Da ich selbst schon einige sehr umfangreiche Theaterstücke mit Kindern aufgeführt habe und die Schwierigkeiten und Stolpersteine dieser Arbeit kenne, enthält das Heft Hinweise zur Durchführung, die Ihnen Ihre Arbeit erleichtern und Ihre Nerven schonen helfen sollen.

Natürlich sind diese Vorschläge nur eine von vielen möglichen Arten der Herangehensweise an das Stück und erheben nicht den Anspruch der Vollständigkeit. Ganz im Gegenteil sind Ihre eigenen Ideen und Vorstellungen wichtig und erwünscht, damit Ihre Aufführung etwas ganz Besonderes und Einmaliges wird.

Sie finden in diesem Heft eine detaillierte Beschreibung der auftretenden Personen, einen Hinweis auf die Größe der einzelnen Rollen, eine Kurzübersicht über die Szenen, eine Liste der erforderlichen Requisiten sowie vergrößerbare Vorlagen für die Bühnenbilder und einzelner Requisiten.

Ich wünsche Ihnen und Ihren kleinen Schauspielern viel Freude bei der Vorbereitung und Aufführung des Theaterstückes und freue mich auf und über konstruktive Kritik, Fotos und Erfahrungsberichte (info@miko-verlag.de).

Ihre
Michaela Knospe
www.miko-verlag.de

Rollen

Hauptrollen:

Käpten Schisshose

Karl Krönig

Jens Ruderblatt

Tante Gitta

Nebenrollen:

Die freche Fanny

Der flotte Fred

haben recht viel Text

Der knubblige Kuddel

Haken-Hein

Tom Tölpel

Der dicke Dieter

Der picklige Piet

Drei bis fünf Krönig-Piraten mit nur wenig Text

Komparsen (ohne Text):

(Friedel)

Krönig-Piraten (Anzahl beliebig)

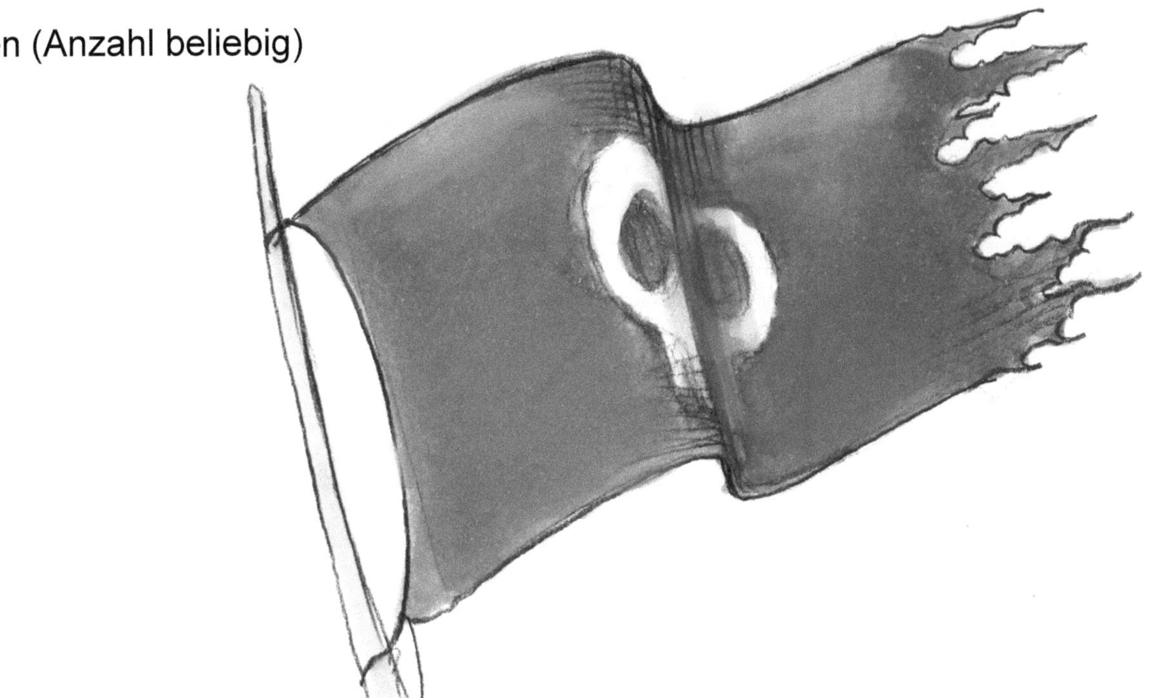

Requisitenliste

Benötigter Gegenstand	erledigt
Abdeckplane	
Spielsand	
Matratze	
Kissen	
Bettdecke	
Piratenhut	
Fernrohr (evtl.)	
Fass/Fässer	
Ein Fass mit Sitzgelegenheit dahinter	
(Mast mit Segel)	
Tau-Rollen	
Freds Degen	
Hantel	
Degen in der Anzahl der Piraten	
Holzeimer/Bottiche	
Packung Kaugummi	
Kisten	
(Seekarte)	
Seile	
Netz	
Packung mit Pfefferminzbonbons	
Palme(n) oder künstliche Pflanzen	
Steine	
Säbel für Karl Krönig	
Schatzkisten	
Schokoriegel	
Spiegel	
Kamm oder Bürste	
Karten- oder Brettspiel	
Brief	
Brillengestell und Augenklappe	

Bühnenbilder und Requisiten

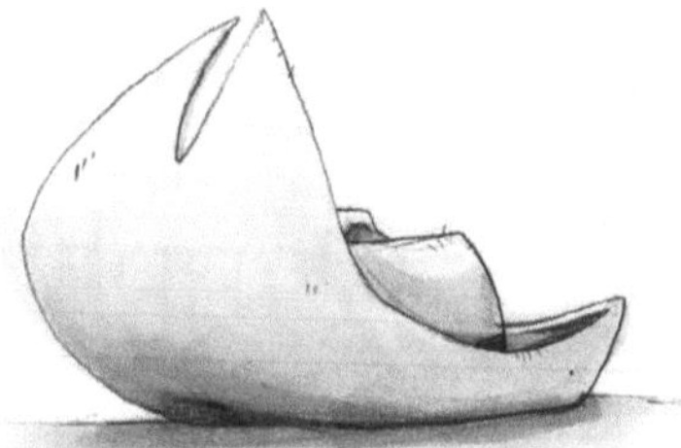

Die Bühnenbilder und viele der Requisiten können Sie gemeinsam mit den Kindern herstellen. Es macht ihnen viel Freude zu basteln und zu malen und lässt das Theaterstück wirklich zu einem Gemeinschaftsprojekt werden.
Das Gefühl der Zusammengehörigkeit wird dadurch deutlich gestärkt. Denkbar wäre z.B. ein gemeinsamer Bastelnachmittag mit den Eltern. Ich habe damit sehr gute Erfahrungen gemacht und das Stück konnte von den geschickten Arbeiten so manchen Elternteils profitieren. Falls Sie sich dafür entscheiden sollten, die Bühnenbilder aus diesem Heft für Ihr Projekt zu verwenden, können Sie die Zeichnungen z.B. auf eine DIN-A4-Folie kopieren und diese dann in der gewünschten Größe mit einem Tageslichtprojektor auf den gewählten Hintergrund projizieren.
Denkbar ist auch der Einsatz eines Beamers, falls vorhanden.
Hier ist die Vorgehensweise ähnlich. Mit schwarzen Filzstiften oder Eddings können die Schüler die Außenlinien der Bilder nachziehen. Danach können die Innenflächen ausgemalt und fertig gestaltet werden. Für großflächige Arbeiten eignen sich Dispersionsfarben aus dem Baumarkt sehr gut, da diese recht günstig sind und schnell trocknen. Als Hintergründe für die Bühnenbilder eignen sich Bettlaken aus Baumwolle (keine Spannbetttücher) oder mehrere mit Paketband zusammengeklebte Tapetenbahnen. Diese müssen allerdings am oberen und unteren Ende so gut fixiert sein, dass sie nicht einreißen können.

Der Hintergrund kann über eine Tafel gelegt werden, die dann in die benötigte Höhe gezogen wird. Wenn der obere Rand des Hintergrundes an einem Rundholz befestigt wird, kann das Bühnenbild auch mit einem Kartenständer (falls noch vorhanden) hochgezogen oder an einer Stellwand befestigt werden.
Im Folgenden werde ich einige Anmerkungen zu bestimmten Bühnenutensilien machen. Bitte verstehen Sie dies nur als Tipp. Falls Sie die Idee für eine bessere und einfachere Vorgehensweise haben sollten, freue ich mich über eine Nachricht von Ihnen.

Kai mit abklappbarem Wasser

Dieses Hintergrundbild habe ich mir folgendermaßen vorgestellt, um den Umbau zu vereinfachen.

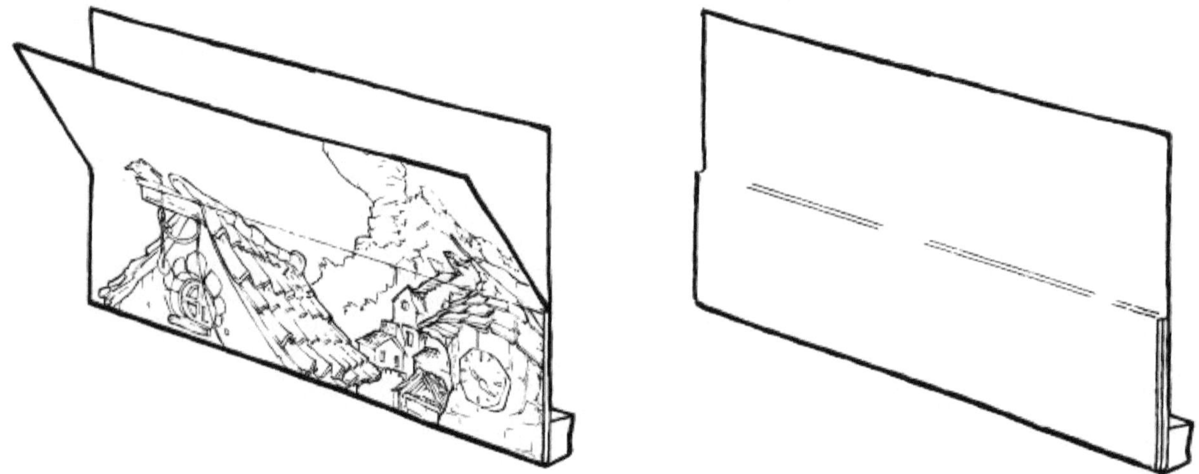

So kann man den unteren Teil einfach hochklappen, bedeckt damit die Häuser des Kais und hat nur noch Himmel und Wasser.

Bett

Das Bett (aus Szene 1) kann eine einfache Matratze oder auch eine Liegestuhlauflage sein, auf der Kissen und Bettdecke zu sehen sind.
Käpten Schisshose sollte so unter der Bettdecke liegen, dass er seinen Po in die Höhe recken kann, sodass die Zuschauer ihn unter der Decke erahnen. Er sollte so mit dem Körper wackeln, dass die Zuschauer verstehen, dass er unter der Bettdecke zittert.

Abdeckplane

Um später Zeit für den Umbau zu sparen, könnte schon zu Beginn des Stückes der Sand für die späteren Szenen auf der Bühne verteilt sein.
Darauf sollte eine dunkle Folie (Baumarkt/Malerbedarf) liegen. Darauf kann das Bett postiert werden, ohne dass es zu Verschmutzungen kommt. Die Folie kann dann je nach Bedarf abgehoben oder wieder auf dem Sand platziert werden.

Mast mit Segel

Dieses Requisit ist nicht dringend nötig, wäre aber schön, um die Szenen auf der Wellentiger zu untermalen. Denkbar wäre hier ein alter Eimer, in den eine Latte, ein Rundholz oder evtl. sogar nur ein Besenstiel gesteckt wird. Mit einer Querleiste und einem dünnen Seil kann die Form des Segels geformt werden, über der dann ein Laken befestigt wird.

Reling

Auf S. 30 finden Sie die Zeichnung einer Endlosreling. Diese können Sie, wie oben mit den Hintergründen beschrieben, in der benötigten Größe auf etwas dickere Pappe (oder eine dünne Spanplatte) projizieren.
Die Zwischenräume sollten dann aber ausgeschnitten werden (Cutter/Stichsäge = Erwachsener).
Es handelt sich hier um eine Endlosvorlage. So können Sie die Reling von der Länge her an ihre Bühne anpassen. Es wäre sinnvoll, die Reling so zu konstruieren, dass sie über (evtl. klappbare) Aufsteller verfügt, sodass der Aufbau schnell und einfach zu bewerkstelligen ist.
Die gleiche Vorgehensweise gilt für die Palmen, die Fässer und die Schatztruhen, die Sie auf S. 30-32 finden können.

Haken

Den Haken vom Haken-Hein gibt es Requisiten in jedem gut sortierten Laden für Karnevalsbedarf oder auch im Internethandel meist günstig zu kaufen.

Sand

Der für die Darstellung der Knocheninsel und der Höhle benötigte Sand kann schon vor der ersten Szene verteilt werden. Die Reling steht dann davor und verdeckt ihn.
Der Umbau zu Szene 4 wird somit vereinfacht und verkürzt. Den Sand kann man in Säcken als Sandkastensand im Baumarkt bekommen.

Steine

Die Steine, welche sowohl auf der Knocheninsel (Szene 4) als auch in den Piratenhöhlen (Szenen 5,6,7,8) benötigt werden, können natürlich echt sein. Für den Umbau ist dies, abhängig vom Gewicht, jedoch eher hinderlich.
Eine Alternative wären selbst hergestellte Gesteinsbrocken.
Der Unterbau und somit die Größe und ungefähre Form kann man aus Kaninchendraht gut formen. Dieser wird anschließend mit Pappmaschee ummantelt und später angemalt. So hat man sehr große und trotzdem leichte Steine zur Verfügung.

Hemden

für Karl Krönig sollten zweimal vorliegen. Es sollte aber möglichst das gleiche sein oder zumindest ähnlich. Ein gutes, sauberes und eines, das evtl. verschmutzt und eingerissen wird, sodass er es vor Szene 7 schnell anziehen kann.

Geräusche und Musik

Um das Theaterstück lebendiger und für die Zuschauer interessanter und kurzweiliger zu gestalten, sollte man überlegen, ob man die Wartezeit zwischen den Szenen durch eingespielte Musik verkürzen will. Auch einzelne Szenen können (siehe dazu auch die Szenenkarten auf S. 23) durch passende Geräusche stark aufgewertet werden. Es gibt verschiedene Möglichkeiten, sich Lieder und Geräusche zu beschaffen. Allerdings bedeutet das Stöbern danach auch einen größeren Zeitaufwand. Im Internet finden sich vielerlei Stellen, die kostenlose Downloads erlauben. Daneben gibt es auch Geräusche-CDs, die man erwerben kann. Hier sind zwei Adressen, die ich gefunden habe.

http://www.lieder-archiv.de
http://www.salamisound.de/

Der Einsatz von Musik und Geräuschen muss bei den Proben natürlich immer mitgeprobt werden. Es hat sich als hilfreich erwiesen, ein Kind bzw. eine Person alleine für diese Aufgabe abzustellen, falls es die Zahl der Mitspieler zulässt. Ansonsten sollte dies vielleicht ein Erwachsener (Eltern) übernehmen.

Kostüme

Da Piratenkostüme zu Karneval recht beliebt sind, sollte damit gerechnet werden dürfen, dass hier einiges zusammenkommt. Ansonsten sind Ihrer und der Fantasie der Eltern und Kinder keine Grenzen gesetzt. Die Bilder der Piraten S.17-22 sind nur als Anregung gedacht. Wichtig ist die Lagerung der Kostüme. Es hat sich als sehr hilfreich erwiesen, die Kostüme und sämtliche anderen benötigten Kleidungsstücke (z.B. Mützen etc.) auf Kleiderbügel zu hängen und diese mit dem Namen des Schauspielers zu versehen.
So wird das Umziehen nicht zum Chaos.

Beleuchtung

Viele Schulen verfügen nicht über eine eigene Beleuchtungsanlage. Für das vorliegende Stück ist dies auch nicht zwingend notwendig.
Einige gute Effekte lassen sich aber auch mit starken Lampen (Strahlern) erzielen. Besonders für die erste Szene wäre dies wünschenswert.

Umbau

Mit einem guten Umbau-Team steht und fällt eine Theateraufführung. Daher müssen die Umbauten, das Bereitlegen und Platzieren der Requisiten, die Beleuchtung und auch das Einspielen von Musik und/oder Geräuschen bei allen Proben mitgeprobt werden. Falls genügend Kinder mitmachen, kann ein eigenes Team für diese Aufgaben gebildet werden. Falls dies nicht möglich ist, müssen Eltern oder Schauspieler die Aufgaben mit übernehmen.

Helfer

Während der Probenzeit wird schnell deutlich, wofür und wie viele Helfer benötigt werden. Wenn die Aufgaben nicht alleine von den Kindern bewältigt werden können, sollten Sie Eltern und Kollegen mit ins Boot nehmen. Besonders am Aufführungstag ist es hilfreich, wenn genügend Helfer, auch z.B. für den Einlass und eine evtl. geplante Verköstigung, zur Verfügung stehen.

Rollen einstudieren

Folgende Vorgehensweise hat sich bei unseren Aufführungen bewährt. Erst einmal werden die Rollen verteilt. Danach wird der Text gelesen. Häufig zeigt sich dabei schon, ob eine Rolle zu dem Kind passt oder nicht.
In dieser Phase kann also noch getauscht werden. Man sollte den Text mehrmals lesen, bis die Kinder den Text schon recht flüssig lesen können und gelernt haben, sich in Geduld zu üben, bis sie an der Reihe sind.
Erst dann geht es ans Auswendiglernen. Erst wenn die Kinder den Text sicher auswendig können, sollte man sich auf die Darstellung der Rolle konzentrieren.

Soufflieren

Auch wenn noch so gut geübt und gelernt wurde. Es kann (meist vor Aufregung) vorkommen, dass während der Aufführung der Text weg ist. Daher ist es sehr hilfreich, wenn nicht sogar unumgänglich, einen Souffleur zu haben, der den kleinen Schauspielern im Notfall weiterhilft. Dies führt zu einer verbesserten Rollensicherheit und einem insgesamt störungsarmen Ablauf des Stückes.
Ich habe diese Aufgabe immer selbst übernommen, denn durch die häufigen Proben kann man den Text irgendwann fast mitsprechen.
Wenn Ihre Bühne über einen Vorhang verfügt, kann der Souffleur sich gut dahinter verstecken. Ist kein Vorhang vorhanden, wäre ein seitlicher Aufbau aus Pappe oder Ähnlichem denkbar, hinter der der Souffleur verschwinden kann. Z.B. eine Tür, eine große Welle, eine dicke Palme, ein Felsbrocken ...

Weitere Vorbereitungsmaßnahmen

Es ist sicherlich sinnvoll, schon im Vorfeld zu wissen, mit wie vielen Zuschauern man rechnen darf. Viele Kinder möchten nicht nur die Eltern, sondern auch andere Verwandte und Freunde an ihrem großen Tag teilnehmen lassen. Insbesondere, falls die Sitzplätze begrenzt sind, eignen sich Eintrittskarten sehr gut, um sich einen Überblick zu verschaffen (Vorlage auf S. 29). Werbeplakate mit Ankündigung der Aufführung erhöhen die Spannung und können von den Kindern ausgestaltet werden (Vorlage auf S. 38). Wenn Sie möchten, können Sie auch das Programmheft (Vorlage S. 36) für jeden Besucher doppelseitig kopieren. So haben alle Zuschauer die Namen der Schauspieler und ihre Rollen vor Augen und können am Ende das Lied mitsingen.

Arbeitsaufwand und Probendauer

Normalerweise steht uns in der Schule nur eine Stunde für eine Arbeitsgemeinschaft und somit auch für eine Theateraufführung zur Verfügung.
Man sollte daher von der ersten Sichtung des Stückes bis zur Endfassung gut ein Schulhalbjahr einplanen. (Wir haben kurz vor der Aufführung auch noch einige Nachmittagstermine eingeschoben.)

Lizenzrechte

Mit dem Kauf dieses Heftes erwerben nur Schulen die Lizenz- und Aufführungsrechte für das vorliegende Stück. Es darf aus lizenzrechtlichen Gründen daher nur an Schulen kostenlos aufgeführt werden. Für Aufführungen an anderen Orten (Theatervereine, Jugendgruppen etc.) und geplantem Eintritt bedarf es einer gesonderten Lizenzgenehmigung, die Sie gerne beim Verlag anfragen können.

info@miko-verlag.de

Telefon: 0 65 87-99 25 47

Darstellerkarten

Mithilfe dieser Darstellerkarten können sich die kleinen Darsteller in ihre Rolle und die damit verbundene Persönlichkeit hineinversetzen, um diese noch besser zu spielen. Eine wunderbare Vorbereitung auf das Theaterstück wäre das gemeinsame Lesen des Buches. Dies ist allerdings nicht zwingend.

Käpten Schisshose

Die Hauptperson der Geschichte ist Käpten Rudi Plankenhieb der Zweite. Er ist ein sehr ängstlicher Mensch. Besonders große Angst hat er vor Gewittern, Wasser, Wellen und Schiffsgeschaukel. Dies ist natürlich für einen Piratenkapitän nicht sehr hilfreich. Käpten Schisshose versucht daher, sein Problem vor anderen zu verstecken.
Das gelingt ihm auch manchmal, häufig setzt er sich vor Angst aber auch schon einmal auf seinen Po. Käpten Schisshose sollte in gefährlichen Situationen auch sehr ängstlich gespielt werden. Er kann zittern oder stottern, um dies zu verdeutlichen. Schön wäre es, wenn er, wie auf den Bildern, einen tollen Piratenhut und eine blaue längere Jacke tragen würde.
Käpten Schisshose liebt seine Tante Gitta sehr. Dies sollte in den Szenen, in denen beide zusammen spielen, deutlich werden. Vielleicht durch eine Umarmung oder Ähnliches.

Jens Ruderblatt

Jens Ruderblatt ist der Steuermann der Wellentiger und die rechte Hand und die größte Hilfe für Käpten Schisshose.
Jens ist ein intelligenter, aber zurückhaltender Pirat, auf den alle großen Wert legen. Besonders Käpten Schisshose ist immer froh darüber, wenn Jens ihm einen Tipp gibt.
Wenn Jens etwas sagt, dann hat es Hand und Fuß.
Er ist seinem Käpten treu ergeben und würde alles für ihn tun. Er weiß, dass Käpten Schisshose schlimme Angst hat, doch er macht sich nie darüber lustig, sondern versucht, seinem Käpten zu helfen, wo er nur kann.
Jens trägt immer ein Piratenkopftuch und spuckt oft über die Reling. Dies sollte natürlich nicht wirklich gemacht, sondern nur durch das Geräusch angedeutet werden.

Die freche Fanny

Sie ist die einzige Piratin an Bord. Doch das macht ihr überhaupt nichts aus, denn sie hat vor nichts und niemandem Angst. Fanny trainiert nämlich ständig mit dicken Gewichten und Hanteln und hat deshalb dicke Muskeln und ist sehr stark. Fanny sollte äußerst selbstbewusst und trotzdem freundlich dargestellt werden. Es sollte allerdings klar werden, dass ihr das Trainieren sehr viel Spaß macht. Also wäre es denkbar, dass ihre Darstellerin häufiger mit den Hanteln Sportübungen machen und ihre Muskeln zeigt. Fanny trägt Stiefel und einen dicken Gürtel (oder ein breites Tuch) um die Hüften.

Der flotte Fred

Er ist ein Pirat, der großen Wert auf sein Äußeres legt. Er wirkt immer wie aus dem Ei gepellt. Seine Kleidung ist stets sauber und gebügelt und seine Frisur sitzt. (Hier wäre evtl. eine Perücke denkbar.) Fred will aussehen wie Elvis Presley und kämmt sich häufig und ausgiebig. Er ist ein sehr eitler, aber auch sympathischer Pirat. Gerne prahlt er mit seinem Können, was die anderen Piraten immer freundlich mit einem „Ja, Fred“ beantworten, denn sie kennen und mögen ihn trotz seiner Angeberei. Das Kind, das den Fred spielt, könnte einige Lacher aus dem Publikum erhalten, wenn er Freds Macke mit dem Schönsein etwas überbetont und die anderen Piraten immer gutmütig genervt darauf reagieren. Fred ist der schnellste Fechter an Bord und ebenfalls der schnellste Tänzer, denn er tanzt so flott, dass er immer schon fertig ist, bevor die Musik zu Ende ist. Auch darauf ist er sehr stolz.

Haken-Hein

Haken-Hein ist der älteste Pirat an Bord. Dies könnte durch einen angeklebten weißen Bart verdeutlicht werden. Er sagt nicht viel, aber wenn er etwas sagt, dann hören ihm die anderen zu, denn schließlich hat er die größte Piratenerfahrung von allen an Bord. Die anderen Piraten wollen immer wissen, warum er den Haken trägt, das heißt, wie er seine Hand verloren hat, aber darüber spricht Haken-Hein nicht und daher haben die Piraten die wildesten Ideen, wie es dazu gekommen sein könnte.

Der dicke Dieter

Er ist, wie sein Name schon sagt, der dickste Pirat an Bord und das kommt daher, weil er wirklich gerne isst. (Mit kleinen Kissen kann man den Schauspieler recht gut ausstopfen und dicker machen.) Ganz oft hat Dieter irgendetwas zu Essen in der Hand und steht meistens nur herum. Dies sollte bei dieser Rolle auch gerne überbetont werden. Besonders fleißig ist Dieter auf jeden Fall nicht. Dieter findet es chic, immer gestreifte Pullover und karierte Hosen zu tragen. Auf dem Kopf hat er immer eine kleine Mütze und er könnte auch einen kleinen Schnauzbart haben.

Der picklige Piet

Er hatte früher einmal Pickel, nun aber nicht mehr. Doch sein Name ist geblieben. Der picklige Piet ist ein Pirat, wie man ihn sich vorstellt. Er liebt Gold und Silber, arbeitet viel und ist ein guter Piratenkollege für die anderen. Er trägt immer ein Piratenkopftuch.

Der knubblige Kuddel

Der knubblige Kuddel ist ebenso wie Piet ein richtiger Pirat. Er ist stets lustig und gut gelaunt und lacht gerne. Kuddel trägt eine Augenklappe.

Friedel Feuerhaken

Friedel Feuerhaken ist der Koch der Wellentiger. Er taucht im Theaterstück nicht oder nur ohne Text auf. Falls er doch eine Rolle übernehmen sollte, wäre eine große, weiße Kochschürze ein gutes Kostüm für ihn. Er ist der beste Freund von Dieter und normalerweise finden die Piraten sein Essen sehr lecker. Manchmal, wenn er schlecht gelaunt ist, lässt er es aber anbrennen und dann gibt es Streit.

Tom Tölpel

Tom ist ein sehr tollpatschiger Pirat. Ständig stolpert er über etwas, stößt etwas um oder lässt etwas fallen. Er hat eine wilde Haarfrisur und wirkt insgesamt ein wenig verwirrt. Tom erzählt gerne Witze. Das kann er auch wirklich prima, aber manchmal erzählt er die Witze mehrmals und dann kennen die anderen sie ja schon. Meistens müssen die anderen über ihn lachen und niemand ist ihm böse, wenn er wieder etwas kaputt gemacht hat. Das Stolpern und die Ungeschicktheit zu spielen ist gar nicht so einfach und muss gut geübt werden.

Karl Krönig

Karl Krönig hat den Ruf, ein schrecklich brutaler und schlimmer Pirat zu sein. Er ist der größte Feind von Käpten Schisshose. Eigentlich hätte Käpten Schisshose den Schurken Karl Krönig zum Zweikampf herausfordern müssen, aber er hatte dafür zu viel Angst. Nun hat Karl Krönig Tante Gitta entführt. In Wirklichkeit hat es Karl Krönig aber satt, immer der böse Pirat zu sein. Doch dafür braucht er Käpten Schisshose. Karl wandelt sich also vom gemeinen Piratenkapitän zum romantischen Karl. Das Kind, das ihn spielt, muss sich ihn also gut verstellen können. Karl hat einen Bart und sollte anfangs sehr selbstbewusst und wichtig daherkommen. Er könnte zum Beispiel eine große Feder am Hut tragen oder mehrere Messer am Gürtel und einen großen Säbel besitzen.

Tante Gitta

Tante Gitta ist die Schwester von Käpten Schisshoses verstorbenem Vater und war eine Piratin an Bord seines Schiffes. Dann starb Käpten Schisshoses Mutter bei dessen Geburt. Tante Gitta zog ihn deshalb groß und kümmerte sich liebevoll um ihn. Sie ist ein Herz von einem Menschen und kann die besten Waffeln der Welt backen. Käpten Schisshose hat sie sehr lieb und überwindet seine Angst, nur um sie zu retten.

Tante Gitta hat eine Brille (gerne eine altmodische Brillenfassung nehmen) und trägt auch keine besonders moderne Kleidung. Sie redet immer noch mit Käpten Schisshose, als wäre er ein kleiner Junge. Aber auch bei anderen ist sie sehr mütterlich und nett und hat natürlich eine romantische Art. Daher findet sie die Liebe zwischen Karl Krönig und Lilli besondern schön. Wenn sie spricht, flötet sie die Worte mehr, als dass sie sie sagt.

Die Krönig-Piraten

Die Krönig-Piraten sind Piraten wie aus dem Lehrbuch. Es interessiert sie nur das Rauben, Plündern und die fette Beute. Sie gehorchen blind ihrem Anführer und machen alles, was er von ihnen verlangt. Sie sind allesamt nicht besonders schlau, aber sehr treu. Sie stehen zu ihrem Kapitän Karl Krönig, würden aber niemals verstehen, dass er das Piratenleben aufgeben möchte, um mit der Frau, die er liebt, ein anderes Leben zu beginnen. Daher verrät Karl Krönig ihnen auch nichts von seinem Plan.

Szenenkarten

Hier finden Sie zu jeder Szene die benötigten Informationen zu den Rollen, Requisiten, dem Bühnenbild, evtl. Geräuschen und dem Umbau. Wenn Sie die Szenenkarten kopieren, ausschneiden, laminieren und hintereinanderheften, haben Sie immer eine übersichtliche Kontrollmöglichkeit für jede Szene in der Hand.

1. Szene

Hintergrund:

dunkler Hintergrund, der Himmel von Szene 2, allerdings unbeleuchtet.
Besser:
Höhlenhintergrund von Szene 5.

Bühnenbild/Requisiten:

Bettzeug (Matratze, Kissen, Decke), kann schon auf dem Sand liegen, der für Szene 3 gebraucht wird.
Mit Folie abdecken und Matratze auf die Folie legen.
Piratenhut neben Bett.

Geräusche/Musik:

Donner und Regen

Personen:

Käpten Schisshose ohne Hut
Jens Ruderblatt

2. Szene/Umbau

Hintergrund:

Blauer Himmel, Kai von Torongo hochgeklappt, sodass man die Häuser sieht.

Bühnenbild/Requisiten:

Reling und Steuerrad (evtl. Schiffsmast mit Segel)
Fässer
Ein Fass mit Sitzgelegenheit, dahinter Taurollen
Hantel
Freds Degen
Packung Kaugummi

Geräusche/Musik:

Es wäre denkbar, jede Szene mit Seemannsmusik einzuleiten, bis der Vorhang aufgeht.
Wellengeplätscher/Windgeräusche

Personen:

Jens Ruderblatt
Fanny
Der flotte Fred
Der picklige Piet
Der dicke Dieter
Kuddel
Hein
(Friedel und Tom Tölpel)

3. Szene/kein Umbau

Hintergrund:
Blauer Himmel, Kai von Torongo heruntergeklappt

Bühnenbild/Requisiten:
An Bord der Wellentiger
Steuerrad
Kisten
Fässer
Seilrollen
Eine Packung Pfefferminzbonbons

Geräusche/Musik:
Wellen und Wind
Seemannsmusik

Personen:
Käpten Schisshose
Jens Ruderblatt
Haken-Hein
Tom Tölpel

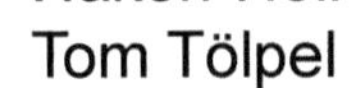

4. Szene/Umbau

Hintergrund:
Urwald

Bühnenbild/Requisiten:
Sand ist aufgedeckt (Insel)
2 Palmen (oder große künstl. Pflanzen)
Evtl. Steine (können evtl. aus Pappmaschee hergestellt sein)
Freds Degen
Netz
Säbel von Karl Krönig

Geräusche/Musik:
Zirpen von Grillen oder Zikaden
Wellen

Personen:
Käpten Schisshose
Fred
Fanny
2-3 Krönig-Piraten (evtl. auch mehr, abhängig von der Schauspieleranzahl)
Karl Krönig

5. Szene/Umbau

Hintergrund:
Höhle

Bühnenbild/Requisiten:
Sand
Palmen weg
Fässer und Kisten

Geräusche/Musik:
keine

Personen:
Karl Krönig
Krönig-Piraten (Anzahl beliebig)
Käpten Schisshose
Fred
Fanny
Tante Gitta

6. Szene/Umbau

Hintergrund:
Höhle

Bühnenbild/Requisiten:
Das Bühnenbild sollte leicht verändert werden, damit man erkennt, dass es nun eine andere Höhle ist.
Mehr Kisten = Schatzhöhle

Geräusche/Musik:
keine

Personen:
Käpten Schisshose
Karl Krönig
(Stulle und Bolle)

7. Szene/Umbau

Hintergrund:
Höhle

Bühnenbild/Requisiten:
Dasselbe Bühnenbild wie in Szene 5

Geräusche/Musik:
keine

Personen:
Krönig-Pirat(en)
Fanny
Fred
Käpten Schisshose
Karl Krönig
Tante Gitta

8. Szene/kein Umbau

Hintergrund:
Höhle

Bühnenbild/Requisiten:
Bühnenbild wie in Szene 7

Geräusche/Musik:
keine

Personen:
Tante Gitta
Karl Krönig
Käpten Schisshose
Fanny
Fred

9. Szene/Umbau

Hintergrund:
Blauer Himmel, Kai von Torongo heruntergeklappt. Man sieht nur noch den blauen Himmel.

Bühnenbild/Requisiten:
An Bord der Wellentiger
Steuerrad
Kisten
Fässer
Taurollen

Geräusche/Musik:
Wellen und Wind
Seemannsmusik

Personen:
Jens Ruderblatt
Fanny
Fred
Haken-Hein
Der dicke Dieter
Der knubblige Kuddel
Der picklige Piet
(Tom Tölpel)
Käpten Schisshose
Karl Krönig

10. Szene

Hintergrund:
Blauer Himmel, Kai von Torongo hochgeklappt, sodass man die Häuser sieht.

Bühnenbild/Requisiten:
Reling und Steuerrad (evtl. Schiffsmast mit Segel)
Fässer
Ein Fass mit Sitzgelegenheit, dahinter
Taurollen
Freds Degen
Eimer
Spiegel und Kamm
Schokoriegel
Karten- oder Brettspiel

Geräusche/Musik:
Wellen und Wind

Personen:
Jens Ruderblatt
Der dicke Dieter
Der knubblige Kuddel
Haken-Hein
Der picklige Piet
Tom Tölpel
Fanny
Fred

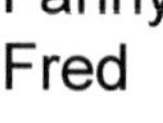

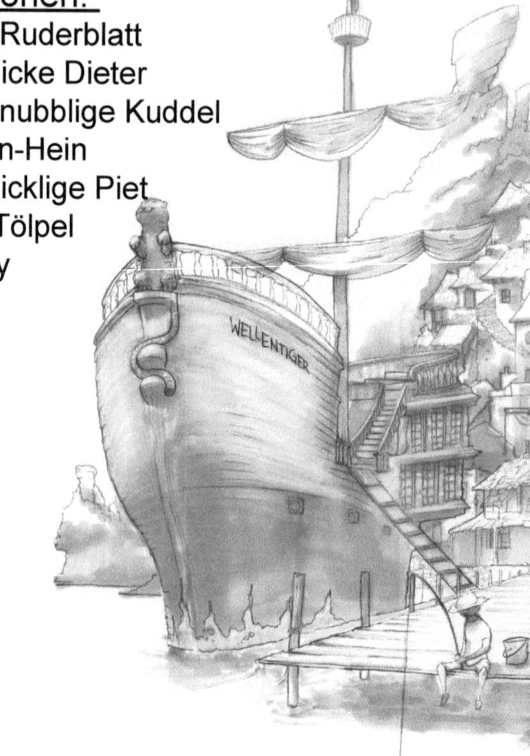

11. Szene/kein Umbau

Hintergrund:
Blauer Himmel, Kai von Torongo hochgeklappt, sodass man die Häuser sieht.

Bühnenbild/Requisiten:
Es bleibt das Bühnenbild aus Szene 10
Brief

Geräusche/Musik:
Wellen und Wind

Personen:
Käpten Schisshose
Jens Ruderblatt
Der dicke Dieter
Der knubblige Kuddel
Haken-Hein
Der picklige Piet
Tom Tölpel
Fanny
Fred
Friedel

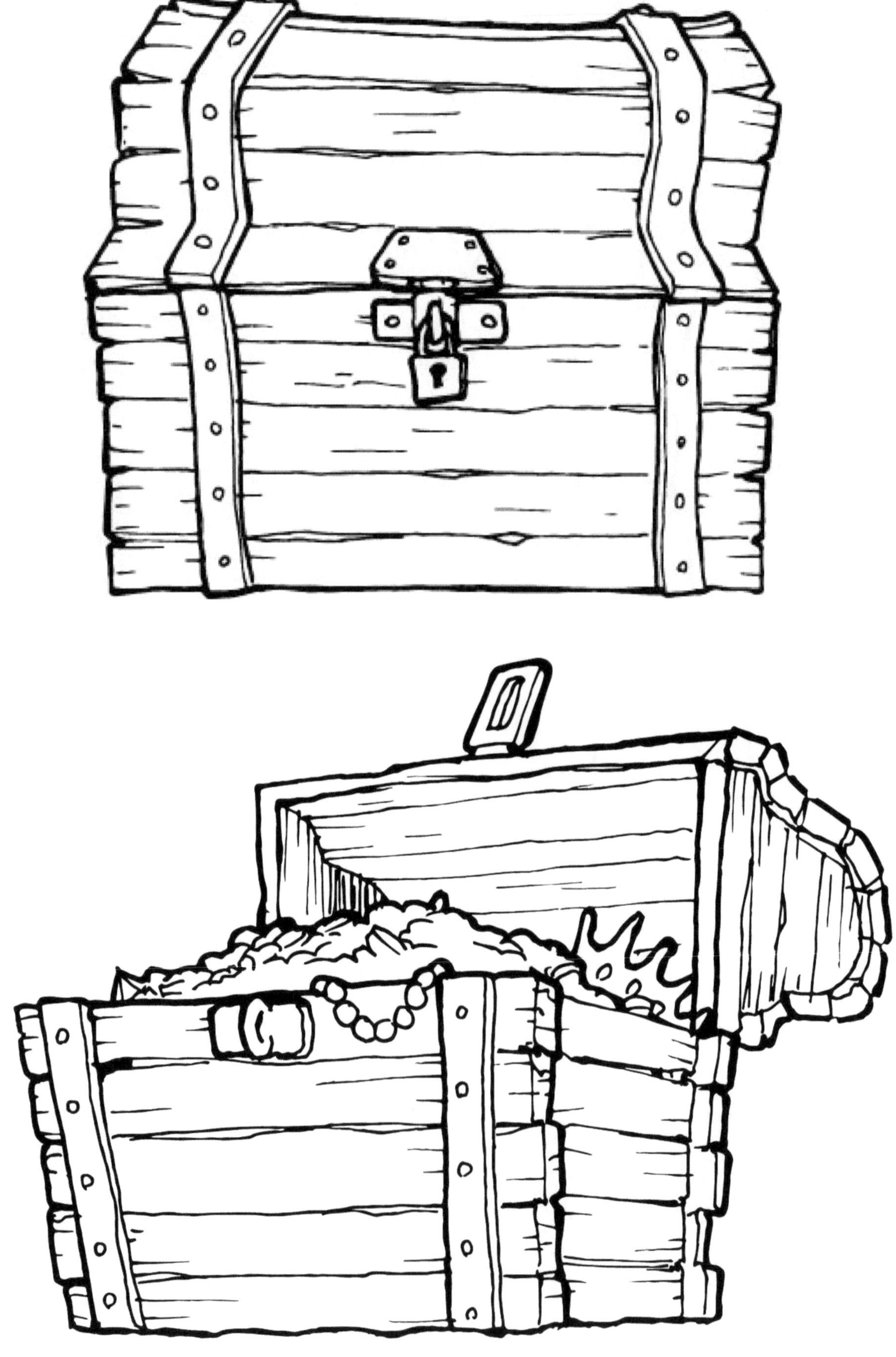

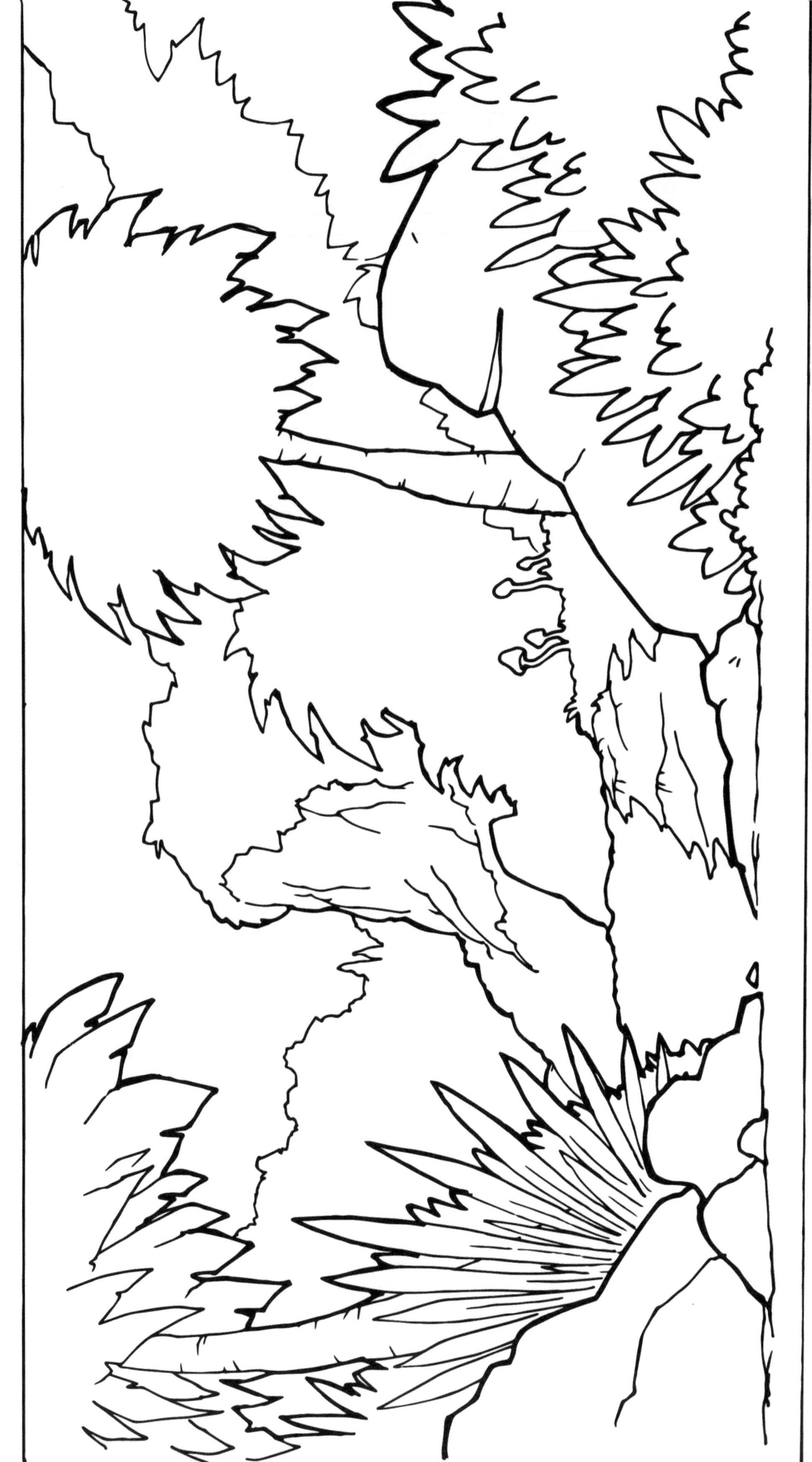

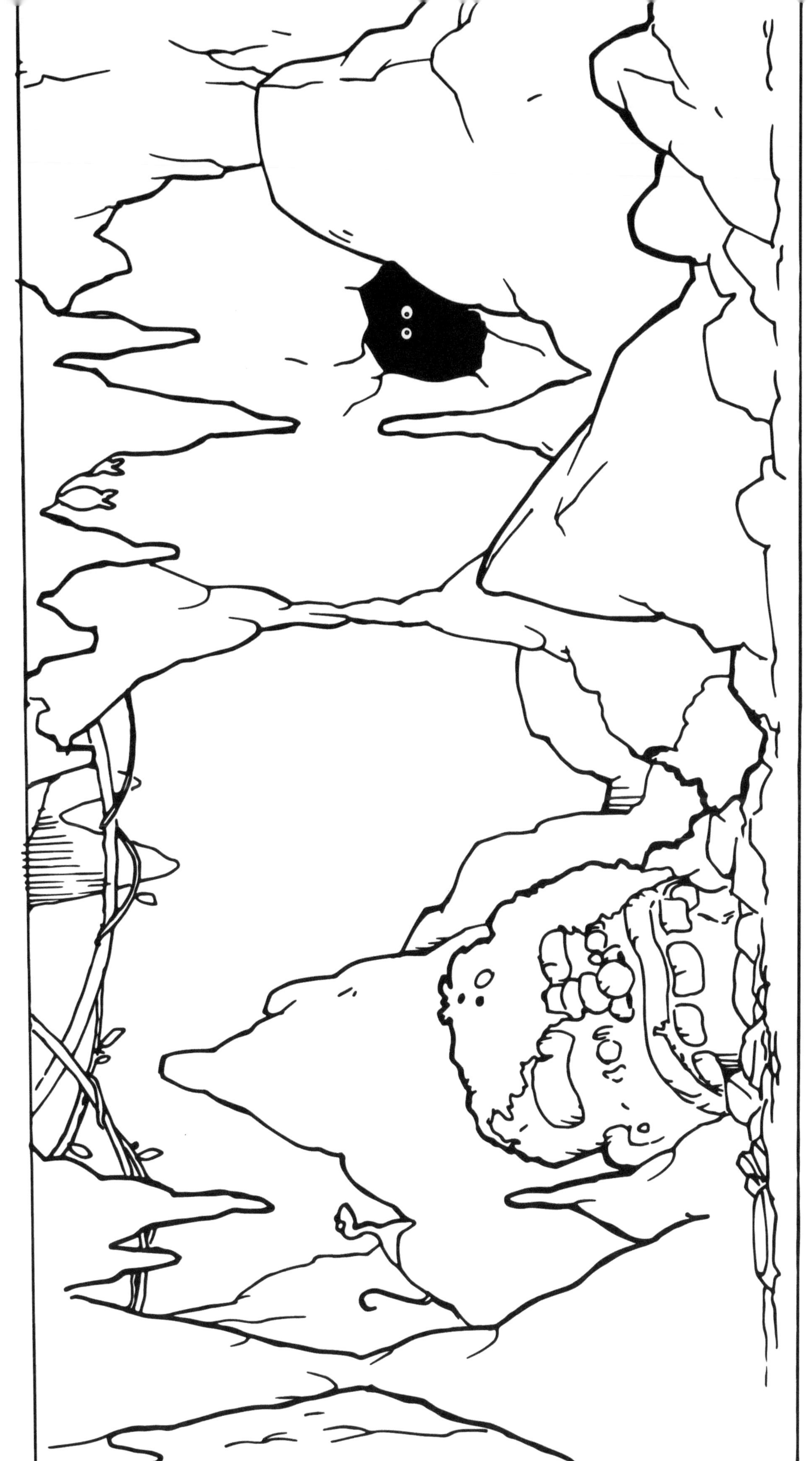

Käpten Schisshose Lied

(Auf die Melodie von: Eine Seefahrt, die ist lustig ...)

Rudi Plankenhieb der Zweite, der ist ängstlich,
der hat Schiss.
Und er will niemals auf´s Meer hinausfahr`n,
ja, das ist gewiss.

Hollahie, Hollaho
Hollahiahiahiaho.

Hollahie, Hollaho
Hollahiahiahiaho.

Doch die liebe Tante Gitta,
wird entführt, dann ist sie weg.
Und der Rudi kriegt von dieser Nachricht
einen Riesenschreck.

Hollahie, Hollaho ...

Nun heißt es die Segel setzen.
Käpten Schisshos`wird ganz blass.
Denn das Wasser in den Meeren,
das ist doch so furchtbar nass.

Hollahie, Hollaho ...

Mit dem Schiff, der Wellentiger,
geht es los, es ist soweit.
Doch der kleine Käpten Schisshos´,
ist dafür noch nicht bereit.

Hollahie, Hollaho ...

Da kommt Steuermann Jens Ruderblatt,
der kennt da eine List.
Keinem wird es wirklich übel,
wenn er Reisepillen isst.

Hollahie, Hollaho ...

Doch es sind nur Pfefferminzbonbons,
das weiß der Käpten nicht,
trotzdem fühlt er sich gleich besser,
zeigt ein lachendes Gesicht.

Hollahie, Hollaho ...

Nun geht es zur Knocheninsel,
da wurd´ Gitta hin gebracht.
Von dem bösen Karle Krönig,
nehmt euch bloß vor dem in Acht.

Hollahie, Hollaho ...

Doch dann kommt alles ganz anders,
als man vorher sich gedacht.
Und am Ende hat die Mannschaft
einen Schatz an Bord gebracht.

Hollahie, Hollaho ...

Auf dem Schiff, der Wellentiger
fing das Abenteuer an.
Vorhang auf! Das ist Theater,
die Piraten waren dran.

2X Hollahie, Hollaho ...

Rudi

Fanny

Jens

Fred

Piet

Kuddel

Friedel

Tom

Dieter

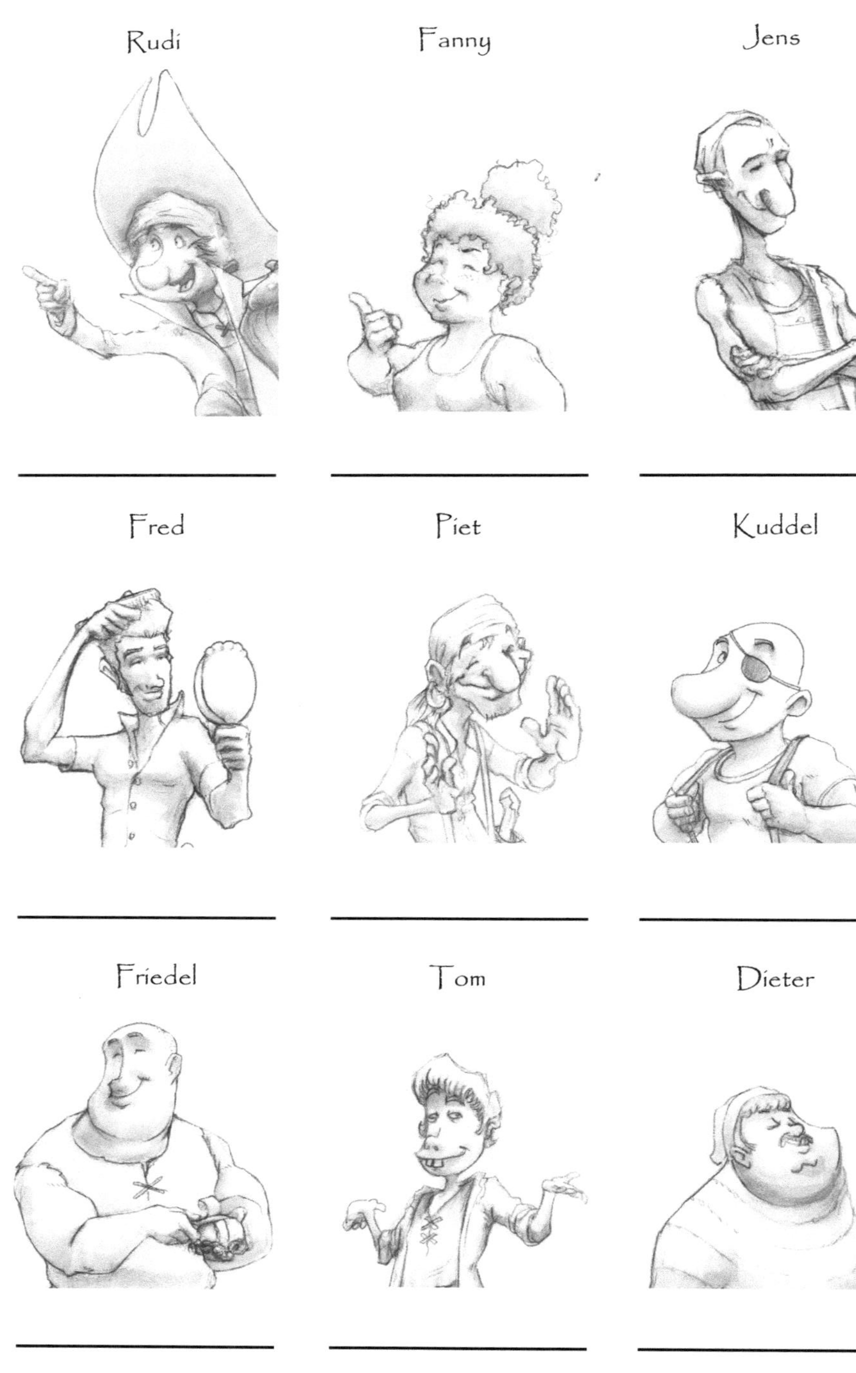

Hein

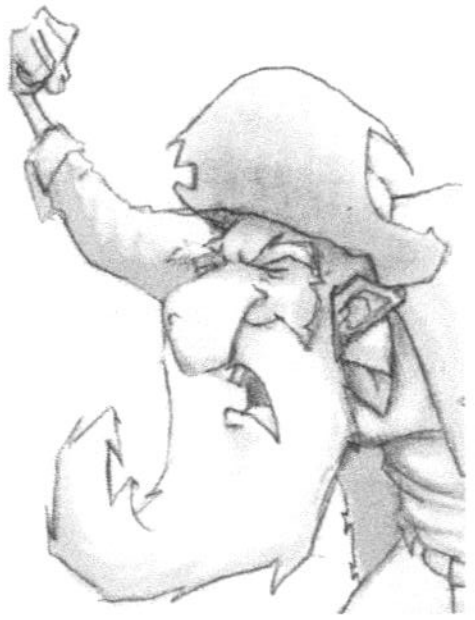

Gitta

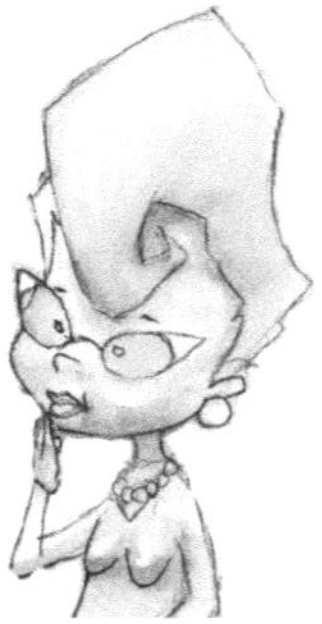

Karl Krönig

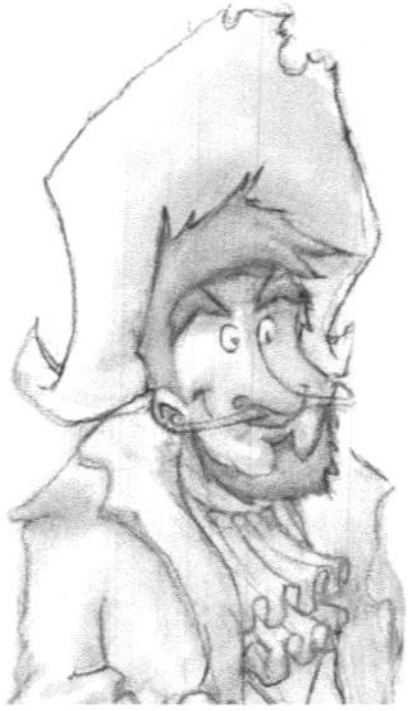

Krönig-Piraten

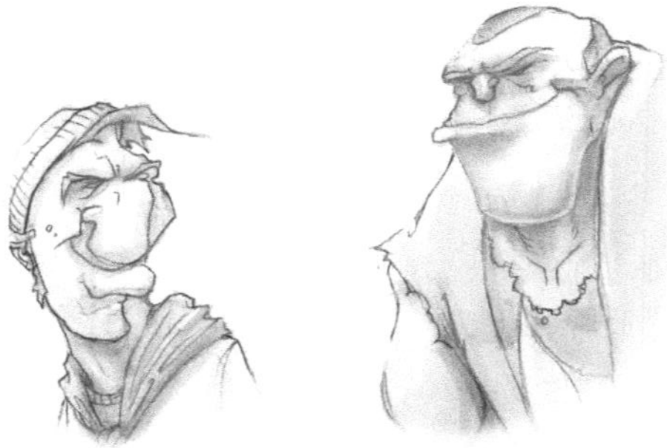

Theaterstück
Käpten Schisshose
auf großer Fahrt

Text Theaterstück

Es wäre für mich eine Freude und eine große Ehre, wenn Sie, liebe Kolleginnen und Kollegen, mich darüber informieren würden, wann und wo Sie die Aufführung des vorliegenden Stückes planen. Falls gewünscht und machbar, würde ich sehr gerne daran teilhaben, Sie besuchen und mir das Stück anschauen.
Wenn dies in Ihrem Interesse sein sollte, informieren Sie mich bitte unter info@miko-verlag.de oder telefonisch unter 06587-992547

1. Szene

Der Vorhang ist geschlossen.
Man hört Donner und starken Regen (CD)
Der Vorhang öffnet sich.
Auf der (abgedunkelten) Bühne befindet sich ein Bett.
(Falls möglich, Spot auf das Bett.)
Man erahnt einen Körper unter der Bettdecke. Dieser wackelt.
Es donnert und nach jedem Donnerschlag schaut Käpten Schisshose (ohne Hut) unter der Bettdecke hervor und jammert. Dann verschwindet er wieder unter der Decke.

Käpten
Schisshose: „Um Gottes Willen!“

Donner

Käpten
Schisshose: „Ach du meine Güte!“

Donner

Käpten
Schisshose: „Zu Hilfe!“

Donner

Käpten
Schisshose: „Rette sich, wer kann!“

Donner

Käpten
Schisshose: „Ich glaube, mir wird schlecht!“

Es klopft.

Käpten
Schisshose: „Oh nein!“

Es klopft erneut.

Käpten
Schisshose: „Oh Gott! Mein Leben ist zu Ende!“

Es klopft erneut. Dann hört man eine Stimme:

Jens
Ruderblatt: „Käpten?“

Käpten
Schisshose: „Hilfe!“

Jens
Ruderblatt: „Käpten! Das Gewitter ist vorbei!“

Käpten
Schisshose: „Zu Hilfe! So helft mir doch!“

Jens
Ruderblatt: „Käpten! Es ist vorbei! Alles ist in Ordnung.“

Käpten
Schisshose: „Häh?“

Er bleibt mit dem Kopf nun über der Bettdecke.

Jens
Ruderblatt: „Käpten! Ich muss dir was erzählen. Mach doch mal die Tür auf!“

Käpten Schisshose richtet sich im Bett auf. Er streicht seine Kleidung glatt und wuschelt sich durch die Haare. Dann antwortet er.

Käpten Schisshose: „Ach, Jens, du bist das. Ich hab' geschlafen und nichts gehört. Warte! Ich komme schon."

Käpten Schisshose setzt seinen Piratenhut auf, der neben dem Bett liegt, hüpft aus dem Bett und geht zur Tür, die er öffnet. (Falls keine Tür zur Hand ist, wäre es auch denkbar, dass er einfach hinter die Bühne tritt und gemeinsam mit Jens Ruderblatt auf die Bühne zurückkehrt.)
Herein tritt Jens Ruderblatt, der Steuermann.

Käpten Schisshose: (räuspert sich)
„Ähem, ja Jens. Was ist denn?"

Jens Ruderblatt: „Käpten! Es ist etwas Schlimmes passiert! Ich habe es eben gerade in der Hafenkneipe erfahren!"

Käpten Schisshose: (zieht die Schultern hoch)
Man sieht, dass er Angst hat, er stottert):
„W ... Was ist d ... denn Schl ... Schlimmes pa ... passiert?"

Jens Ruderblatt: „Es geht um deine Tante Gitta!"

Käpten Schisshose: „Nein!"
(schlägt die Hände vors Gesicht, schaut dann zwischen den Fingern hindurch ins Publikum)

„Ist sie etwa ... tot?“

Jens Ruderblatt: „Nein, nein! Sie lebt, aber sie wurde entführt.“

Käpten Schisshose: schreit laut:
„WAS?? ENTFÜHRT?? WANN, WARUM, WO, VON WEM???“

Jens Ruderblatt: „Es war Karl Krönig. Du weißt schon, DER Karl Krönig“

Käpten Schisshose: „Du meinst, DEN Karl Krönig? Der, der das Schiff meines Vaters versenkt hat? Der widerliche Feigling, der meinen Vater hinterlistig überwältigt hat?
Meinst du den?“

Jens Ruderblatt: „Ja, Käpten. Er hat deine Tante Gitta entführt und erzählt überall herum, wie feige du bist.
Er will dich zu einem Zweikampf zwingen und dich bis auf die Knochen blamieren. Entweder du kämpfst mit ihm oder deine Tante wird Fischfutter, hat er gedroht.“

Käpten Schisshose: ***Lässt sich auf den Po plumpsen.***
„Jens, ich muss nachdenken. Bitte lass mich einen Moment allein!

Jens Ruderblatt: „Ai, Käpten.“ (Jens verlässt den Raum.)

Käpten
Schisshose: dreht sich zum Publikum.
„Oh Mann!“

Krabbelt dann auf allen vieren in sein Bett. Er zieht die Bettdecke bis ans Kinn und schaut mit großen Augen ins Publikum.

Käpten
Schisshose: „Oh Mann! Meine liebe Tante Gitta!
Sie backt die besten Waffeln auf der ganzen Welt.
Ich muss sie retten!“

Macht Anstalten, aus dem Bett zu steigen. Dann krabbelt er wieder zurück.

Käpten
Schisshose: „Aber dann müsste ich ja in See stechen ...
Das bedeutet: Wasser, Wellen, Wind ...
SEEKRANKHEIT!!!
Es könnte ein Gewitter geben.
Oh Mann!
Was mach ich bloß? Was mach ich bloß?

Die Mannschaft wird Tante Gitta retten wollen.
Sie werden mich zwingen, wenn ich mich weigere ...
Sie werden mich fesseln ...
An den Mast binden ...
Das bedeutet: Wasser, Wellen, Wind ...
SEEKRANKHEIT!

Oh Mann
Was mach ich bloß? Was mach ich bloß?

Er schaut kopfschüttelnd ins Publikum.
Vorhang

2. Szene

Das Deck der Wellentiger.
Man sieht die Reling und das Steuerrad, dahinter der Mast mit Segel, mehrere Fässer, Tau-Rollen (siehe Kulissen S. 30, 32).
Hintergrund Himmel mit Kaimauer (siehe Kulisse S. 33)
Auf dem Deck stehen Jens Ruderblatt, Fanny, der flotte Fred und der picklige Piet

Fanny: „Und? Was hat er gesagt?“

Jens Ruderblatt: „Er muss nachdenken.“

Fred: „Ob er sich traut, Tante Gitta zu retten?“

Piet: „Es wird langsam Zeit, dass etwas passiert.
Schließlich liegen wir hier schon seit sechs Monaten vor Anker. Das kann doch nicht so weitergehen!“

Jens Ruderblatt: „Ich bin mir sicher, dass unser Käpten das auch weiß.
Lasst ihm noch ein bisschen Zeit!
Er ist nun mal nicht der Mutigste.

Fred: „Na, das wissen wir doch alle.
Unser Käpten Schisshose hat sich seinen Namen wirklich verdient, oder etwa nicht?“

Fanny: „Tatsächlich heißt er ja Rudi Plankenhieb der Zweite.
Aber so nennt ihn ja keiner hier an Bord, oder?
Wer hat ihm eigentlich den Namen Käpten Schisshose verpasst?“

Piet: „Daran kann sich hier niemand mehr erinnern. Irgendwann hieß er einfach so. Aber ihr wisst doch. Piratennamen sind nicht immer nett, aber ehrlich."

Fanny: „Das stimmt. Unser Käpten hat ja auch wirklich vor fast allem Angst."

Fred: „Ja, besonders vor Wasser und Gewitter."

Piet: „Und der Seekrankheit."

Jens Ruderblatt: „Ja leider. Man müsste ihm irgendwie helfen, seine Angst zu überwinden. Und ich hab da auch schon so eine Idee ..." (Geht ab)

Fanny setzt sich auf ein Fass (Stuhl hinter der Kulisse)

Fanny: „Na wenn unser Steuermann eine Idee hat, dann könnte was daraus werden.
Er macht ja eigentlich nie etwas Unüberlegtes.
Oder was meinst du, Piet?"

Piet greift sich ein Tau und wickelt es auf.

Piet: „Da hast du recht, Fanny. Jens Ruderblatt ist zwar nicht so stark wie du, aber er hat Köpfchen. Ohne ihn wäre unser Käpten manchmal ganz schön aufgeschmissen."

Fred: „Ja, und ohne mich ebenfalls."

Zieht seinen Degen.

Fred: „Hoho! Schließlich bin ich der schnellste Kämpfer hier an Bord der Wellentiger. Nicht umsonst nennt man mich den flotten Fred. Haha!"

Er sticht mit dem Degen auf einen unsichtbaren Gegner ein und vollführt wilde Sprünge. Fanny und Piet schauen sich wissend an und antworten gutmütig und freundlich.

Fanny und Piet: „Ja, Fred!"

Piet: „Ja, du bist wirklich ein schneller Kämpfer, aber den Namen flotter Fred hast du ja wohl noch wegen etwas anderem."

Fred: „Aber natürlich! Schließlich bin ich auch der schnellste Tänzer hier an Bord."

Fanny und Piet: „Ja, Fred!"

Piet lacht ebenfalls.

Piet: „Genau, du bist ja mit deinem Tanz schon immer fertig, bevor die Musik zu Ende gespielt hat."

Fred wirft sich in Pose.

Fred: „Tja Leute, wer kann, der kann."

Fanny und Piet: „Aber ja, Fred!"

Fanny: „Sieh an, da kommt ja unser Dickerchen Dieter. Na, Dieter, was gibt es denn heute leckeres zu essen?"

Dieter betritt das Deck.

Dieter: „Hallo, Leute! Gerade habe ich mit Friedel Feuerhaken gesprochen. Er kocht uns heute etwas besonders Feines, nämlich Fischstäbchen, Erbsen- und Möhrengemüse und Püree. Total lecker."

Er reibt sich den dicken Bauch.

Piet: „Hört sich gut an! Ich geh mal runter in die Kombüse und schaue, ob ich Friedel etwas helfen kann. Bis später."

Geht ab.

Dieter: „Wo ist denn unser Käpten? Das Gewitter ist doch vorüber. Also keine Gefahr mehr für unseren ängstlichen Anführer."

Fanny: „Nun mal langsam, Dieterchen. Du bist ja auch nicht gerade ein Draufgänger. Unser Käpten muss nachdenken, sagt er. Was meinst du, Dieter? Wird er sich trauen und in See stechen, um sein Tantchen zu retten?"

Dieter: „Also ich wäre schon längst auf dem Weg. Die Waffeln von Tante Gitta sind schließlich berühmt. Wenn ich nur daran denke, läuft mir schon das Wasser im Mund zusammen."

Er reibt sich wieder den Bauch.

Fred: „Dieter, Dieter, du denkst auch immer nur ans Essen. Schau mich an! Schlank und durchtrainiert. So muss ein Pirat sein. Beim Kampf ist ein Schwabbelbauch nur im Weg."

Fred stellt sich in Pose.

Fanny und Dieter: „Ja, Fred."

Dieter: „Genau aus diesem Grund verdrücke ich mich ja auch immer, wenn es mal wirklich brenzlig wird. So ... und jetzt geh ich auch mal in die Küche und schau nach dem Essen. Bis gleich."

Fanny und Fred: „Bis gleich."

Kuddel taucht auf.

Kuddel: „Hallo, Leute, wo sind denn die anderen?"

Fred: „Hallo Kuddel. Ein Teil der Mannschaft ist in der Küche bei Friedel und unser Käpten ist noch in seiner Kajüte und denkt nach.

Fanny: „Ja, und Jens Ruderblatt hatte eine Idee und ist deshalb nach unten gegangen."

Kuddel: „Ah ja! Und was ist mit Haken-Hein?"

Fred: „Der hat sich vorhin ein bisschen hingelegt. Er ist nun mal nicht mehr der Jüngste und das Herumlaufen hier an Deck ist für so einen alten Piraten sicher sehr anstrengend Er ist halt nicht mehr so jung und fit wie ich."

Fanny
und Kuddel: „Ja, Fred.“

Kuddel: „Wie ist das damals eigentlich passiert? Ich meine, warum hat Hein denn diese Hakenhand?“

Fanny: „Das weiß keiner so genau. Hein spricht nicht darüber. Aber ich glaube, er hat seine Hand bei einem Kampf verloren.

Sie schaut verträumt in die Ferne.

Fanny: „Vielleicht hat sich eine Seeschlange darum gewickelt, oder ein Wal hat sie ihm abgebissen.
Oder es war ein Seemonster mit langen, spitzen und rasiermesserscharfen Zähnen ...“

Kuddel schaut entsetzt.

Kuddel: „Lass mal gut sein, Fanny. Bei der Vorstellung wird mir ganz übel. Du weißt doch, dass ich mir so schlimme Sachen nicht ausmalen mag.“

Fanny lacht.

Fanny: „Ja, Kuddel, du hast eben eine zarte Seite, auch wenn man es dir nicht so ansieht.“

Fred schaut interessiert nach vorne.

Fred: „Ich glaube, da tut sich etwas in der Kajüte des Käptens. Tatsächlich! Die Tür öffnet sich.
Ja! Er kommt heraus! Tut so, als wärt ihr beschäftigt!“

Fanny hüpft vom Fass und schnappt sich eine Hantel, um mit ihr zu trainieren. Fred übt mit dem Degen und Kuddel wickelt an einem Seil herum.

Käpten Schisshose erscheint.

Käpten Schisshose: „Hallo, Piraten.“

Fanny, Fred und Kuddel: „Hallo, Käpten!“

Käpten Schisshose: „Wo sind denn die anderen?“

Fanny: „Die sind unter Deck, Käpten.“

Käpten Schisshose: „Bitte sei so gut und hole die Mannschaft mal her. Ich muss mit euch allen sprechen.“

Fanny: „Ai, Käpten!“

Sie legt die Hantel weg, macht den anderen gegenüber einen wissenden Ausdruck (= macht die Augen groß und zieht die Augenbrauen hoch) und verlässt dann das Deck.

Jens Ruderblatt erscheint.

Jens Ruderblatt: „Da bist du ja, Käpten. Hier! Ich habe da etwas für dich.“

Er hält Käpten Schisshose eine Packung Kaugummis hin.

Käpten Schisshose: „Was hast du denn da, Jens?“

Jens hält die Hand neben den Mund und raunt.

Jens
Ruderblatt: „Reisekaugummis. Dann wird dir garantiert nicht schlecht, wenn es mal wackelt."

Käpten Schisshose ist begeistert.

Käpten
Schisshose: „Jens, du bist große Klasse! Vielen Dank."

Er nimmt Jens das Päckchen ab und steckt sich einen der Kaugummis in den Mund.

Da erscheinen die anderen Piraten an Deck.
Fanny, Kuddel, Piet, Dieter, Hein, Friedel und Tom Tölpel. Tom kommt als Letzter und stolpert sofort. Dann stellen sie sich alle in Position und schauen Käpten Schisshose interessiert an.

Käpten
Schisshose: „Piraten! Mannschaft der Wellentiger!
Wie ihr wahrscheinlich schon gehört habt, wurde meine liebe Tante Gitta von dem gemeinen Halunken Karl Krönig entführt."

Alle Piraten
durcheinander: „Ja! Dieser feige Kerl! Wir müssen was tun!
Den schnappen wir uns! Wir machen ihn fertig!
Wir werden deine Tante retten. Jawohl!"

Jens
Ruderblatt: „Und was machen wir jetzt?"

Käpten Schisshose holt ganz tief Luft.

Käpten
Schisshose: „Piraten, Männer und Fanny! Lichtet den Anker! Wir stechen in See!“

Die Piraten jubeln. Sie springen hoch, umarmen sich, werfen ihre Mützen (falls vorhanden) in die Luft und schreien wild durcheinander.

Vorhang

3. Szene

Auf der Wellentiger.
Gleiches Bühnenbild wie bei Szene 2.
Hintergrund jetzt nur Himmel. (Kaimauer ist abgeklappt.)
Hinter der Reling steht Jens Ruderblatt am Steuerrad. Daneben steht Käpten Schisshose. Er hält sich an der Reling fest.

Käpten
Schisshose: „Jens, wie weit ist es noch?"

Jens
Ruderblatt: „Karl Krönig ist vor der Knocheninsel vor Anker gegangen und erwartet dich dort.
Bis wir dort sind, dauert es noch eine Weile.
Wie fühlst du dich?
Wirken die Reisekaugummis schon?"

Käpten Schisshose schaut an sich hinunter, befühlt Arme, Bauch und Oberschenkel.

Käpten
Schisshose: „Tatsächlich! Mir ist überhaupt nicht schlecht.
Die Kaugummis scheinen zu wirken.
Ich fühle mich auch sonst ganz gut. (strahlt)
Das war eine tolle Idee von dir."

Jens
Ruderblatt: (verschwörerisch zum Publikum)
„Er muss ja nicht wissen, dass es nur ganz normale Kaugummis sind. Allein der Glaube zählt.
Das hat meine Oma schon immer gesagt.
Und wenn es hilft, ist ein bisschen Schummeln erlaubt!"

Jens
Ruderblatt: (zu Käpten Schisshose)
„Die Mannschaft hat bestimmt Hunger.
Willst du nicht mal Friedel besuchen und ihn fragen, wann das Essen fertig ist?“

Käpten
Schisshose: „Gute Idee, Jens. Nur ...
Ich müsste ja dafür die Reling loslassen und dann könnte ich möglicherweise hinfallen.
Oder es könnte mir doch noch übel werden ...“

Jens
Ruderblatt: „Keine Sorge Käpten.
Für den Fall habe ich noch etwas anderes für dich besorgt.“

Er hält Käpten Schisshose ein Päckchen hin.

Jens
Ruderblatt: „Davon musst du zwei Stück lutschen und deine Ängste sind wie weggeblasen.“

Käpten
Schisshose: „Wirklich?“

Jens
Ruderblatt: „Nein! ... (Pause).
Doch, natürlich. Probier es einfach mal aus!“

Käpten Schisshose schnappt sich das Päckchen und steckt sich davon etwas in den Mund.

Käpten
Schisshose: „Ich glaube, ich spüre schon, wie die Mutpillen wirken.

Danke, Jens. Wenn ich dich nicht hätte.
So ... und jetzt gehe ich mal zu Friedel.
Bis später.“

Jens Ruderblatt: (zum Publikum)
„Von wegen Mutpillen.
Ich habe ihm ganz normale Pfefferminzbonbons gegeben. Aber wie schon gesagt.
Allein der Glaube zählt.“

Haken-Hein tritt auf.

Hein: „Na, Jungchen. Wo ist denn unser Käpten?“

Jens Ruderblatt: „Er kümmert sich darum, dass wir etwas in den Bauch bekommen.“

Hein: „Das ist ja mal eine gute Idee. Aber sag mal, Jens ...
Wie soll das enden? Unser ängstlicher Käpten gegen den starken und gemeinen Karl Krönig?
Das sieht böse aus, find` ich.“

Jens Ruderblatt schaut stur geradeaus. Er verzieht keine Miene.

Jens Ruderblatt: „Ich vertraue unserem Käpten.
Auch wenn er nicht gerne kämpft ...
Er hat eine erstklassige Piratenausbildung erhalten.
Wenn es hart auf hart kommt, weiß er sich zu wehren, da bin ich mir sicher.“

Hein: „Na hoffentlich hast du recht, Jungchen.
Aber glaub mir, mit Karl Krönig ist nicht zu spaßen.

Ein widerlicher Kerl ist er.
Genauso wie sein Vater und sein Urgroßvater vor ihm.
Eine feige, hinterhältige Bande, diese Krönigs."

Jens Ruderblatt: „Ja, das wird überall so erzählt.
Aber lass uns erst einmal die Knocheninsel erreichen,
dann sehen wir weiter."

Hein: „Jawoll, recht hast du, Jungchen.
Ich geh dann schon mal unter Deck und werde helfen,
den Tisch zu decken. Das kann ich auch mit einer Hand
noch ganz gut."

Hebt den Haken in die Luft und wackelt damit herum.
Geht ab. Tom Tölpel erscheint, stolpert über einen Eimer und fällt hin.

Jens Ruderblatt: „Hallo, Tom. Was ist denn los?"

Tom stolpert über ein Tau und fällt gegen Jens Ruderblatt.

Tom: „Hallo, Jens, ich soll dir Bescheid geben, dass das
Essen fertig ist.
Kennst du übrigens den schon?
Kommt ein Fisch in die Apotheke und fragt:
„Entschuldigung, haben Sie etwas gegen Schuppen?"

Lacht übertrieben laut und fällt um.

Jens Ruderblatt: „Ja, den kannte ich bereits, Tom.
Geht ihr schon mal essen. Ich bleibe solange hier.
Kuddel soll mich dann ablösen, wenn er fertig ist."

Tom rappelt sich auf.

Tom: „Kennst du denn den schon?
Fliegt ein Kuckuck übers Meer. Da sieht er einen Hai.
Ruft der Kuckuck: „Kuckuck!“ und der Hai sagt ...

Jens Ruderblatt: „Der Hai sagt: „Hi!“ Ja, den kannte ich auch schon. Du musst dir mal ein paar neue Witze ausdenken, Tom!“

Tom guckt enttäuscht.

Tom: „Ja, das müsste ich vielleicht wirklich. (murmelt)
Also ...
Geht ein Mann in die Bäckerei ...“

Mit diesen Worten geht er ab, stolpert aber vorher noch einmal ordentlich.

Jens schüttelt den Kopf.

Jens Ruderblatt: „Der gute Tom Tölpel. So langsam gehen ihm wirklich die Witze aus.“

Er schaut auf einer Seekarte etwas nach.

Jens Ruderblatt: „Kurs Süd-Südost. Bald haben wir die Knocheninsel erreicht. Oh Mann, hoffentlich geht das gut.“

Vorhang/Umbau

4. Szene

Auf der Knocheninsel.
Man sieht Sand zwei Palmen (Kulissen S. 31)
Ein paar große Steine wären schön, aber nicht zwingend.
Im Hintergrund dichtes Grün, Urwald. (Kulissen S. 34)
Käpten Schisshose, Fanny und Fred stehen schon im Sand, wenn der Vorhang hoch geht.

Fanny: „Da wären wir also."

Fred: „Super, dass du Fanny und mich hierher auf die Knocheninsel mitgenommen hast. Endlich mal ein richtiges Abenteuer. Die anderen sind ganz schön neidisch."

Käpten Schisshose: „Ihr wart für dieses Unternehmen eben am besten geeignet. Fanny ist stark wie vier Mann und du bist ein schneller Fechter. Jens muss das Kommando an Bord übernehmen, solange ich weg bin. Sonst wäre er auch dabei."

Fred: „Und wie ich fechten werde. Schnell wie der Wind. Die Krönig-Piraten werden staunen. Haha!

Fanny und Käpten Schisshose: „Ja, Fred."

Fanny: „Wie auch immer. Ich freue mich auf den Kampf mit Karl Krönig. Der soll uns mal kennen lernen."

Sie reibt sich die Hände und zeigt stolz ihre Armmuskeln.

Käpten
Schisshose: „Ja schon, aber hier ist es so still. Man hört keinen Laut. Das kommt mir komisch vor. Euch etwa nicht?“

Fred: „Doch, Käpten, du hast recht. Wenn das mal keine Falle ist.“

Nun kommen zwei Piraten von der Seite und werfen ein Netz über die drei. Diese Szene muss den jeweiligen Möglichkeiten der Bühne angepasst werden. Es ist auch denkbar, dass die beiden einfach nur ein Tau um die drei schlingen. Es muss aber klar werden, dass sie gefangen sind. Sie wehren sich, aber es hat keinen Zweck. Sie sitzen in der Falle.

Karl Krönig erscheint. Er hat einen großen Hut und einen Bart. Seinen Säbel hält er in der Hand. Hier können auch noch mehr Piraten dazukommen, abhängig von der Anzahl der zur Verfügung stehenden Schauspieler.

Karl Krönig: „Na wen haben wir denn da?“

Er stößt mit dem Säbel nach den dreien.

Karl Krönig: „Dass ihr so blöd seid und in meine Falle tappt, hätte ich wirklich nicht gedacht. Hohoho.
Aber es war einen Versuch wert und nun liegt ihr hier, gut verschnürt wie ein Weihnachtspäckchen. Hahaha!“

Käpten Schisshose ist noch ängstlich.

Käpten
Schisshose: „W ... wo ist m ... meine T ... Tante?“

Karl Krönig: „Oh, gleich fängt er an zu weinen, unser kleines Schisshöschen.“

Käpten Schisshose: „W ... Was hast du v … vor?“

Karl Krönig: „Das werde ich dir gerade auf die Nase binden, du Flitzpiepe.“

61

Käpten Schisshose zum Publikum.

Käpten Schisshose: „Oh Mannomann. Langsam werde ich aber wirklich wütend ...“

Karl Krönig: „So, du Waschlappen. Jetzt wirst du mal sehen, wie es bei richtigen Piraten zugeht.“

Käpten Schisshose: (mutiger) „Sag mir sofort, wo meine Tante ist!“

Karl Krönig: „Das wirst du noch früh genug erfahren, du Superheld. Hohoho! Los, schnappt sie euch und bringt sie weg!“

Karl geht ab. Käpten Schisshose ist wütend, wehrt sich gegen die Fesseln und schreit.

Käpten Schisshose: „Bleib hier, du feiger Kerl! Was hast du mit meiner Tante gemacht? Hiergeblieben! Ich mach Piratenhackfleisch aus dir, du du ....

Während er weiter meckert, werden die drei von den Krönig-Piraten weggeschleppt.

Vorhang/Umbau

5. Szene

Hintergrund schwarz/braun. Palmen weg, sonst gleicher Untergrund. Sie sind in einer Höhle. Evtl. Licht dimmen, falls möglich. Es stehen Fässer und Kisten herum. Zwei bis zehn Krönig-Piraten (je nach Anzahl der Akteure) sitzen darauf oder stehen herum, Karl Krönig, Käpten Schisshose, Fred und Fanny. Während der Gespräche sollten die Krönig-Piraten ihrem Käpten immer zustimmen, ansonsten manchmal Zwischenrufe von sich geben oder zustimmend oder ablehnend murmeln. Sie können auch mit den Degen herumhantieren oder sich „piratenmäßig“ beschäftigen.

Karl Krönig: „Los! Fesselt ihnen die Hände!“

Mehrere Krönig-Piraten greifen sich Käpten Schisshose und die beiden anderen ziehen das Netz weg bzw. das Tau und fesseln ihnen mit einem dünneren Seil die Hände hinter den Rücken. Für Fanny brauchen sie vier Piraten, denn sie wehrt sich stark.

Karl Krönig stellt sich mit vorgestreckter Brust vor Käpten Schisshose und meint sehr hochmütig.

Karl Krönig: „Na, du Piratenmops! Da hat sich dein lieber Papa aber schwer in dir getäuscht. Der dachte nämlich, du wärst so mutig und würdest ihn rächen!“

Käpten Schisshose (knurrt): „Lass meinen Vater aus dem Spiel, du Halunke! Wo ist meine Tante?“

Karl Krönig: „Wo ist meine Tante? Wo ist meine Tante? Na gut, du Heulsuse. Holt ihm mal sein Tantchen her, Leute, bevor er sich noch ins Höschen macht. Hahaha!“

Zwei Krönig-Piraten gehen ab und kommen kurz darauf mit Tante Gitta zurück, die zwischen ihnen geht. Sie ist nicht gefesselt.

Tante Gitta: „Rudilein! Ach Rudilein, dass du deiner alten Tante zu Hilfe eilst, ist einfach zu schön!"

Dann wendet sie sich an die Krönig-Piraten neben sich.

Tante Gitta: „Das ist mein lieber Neffe Rudi. Der wird euch noch zeigen, was ein richtiger Pirat ist, jawohl!"

Die Krönig-Piraten lachen und machen sich lustig.

Käpten Schisshose: „Tante Gitta, haben dich die Schurken etwa schlecht behandelt?"

Tante Gitta: „Nein, mein Lieber, das gerade nicht. Aber dieser Kerl da (sie zeigt auf Karl Krönig) hat mich einfach so entführt. Nicht wahr?"

Sie stemmt die Hände in die Hüfte und funkelt Karl Krönig böse an.

Tante Gitta: „Rudi, ich denke, es wird Zeit, dass du dem Kerl einmal klar machst, wie man mit älteren Damen umgeht, jawohl!"

Karl Krönig: „Genug geplaudert! Bringt das Tantchen zurück in ihre bequeme Unterkunft!"

Die Krönig-Piraten machen Tante Gitta ein Zeichen, nun gehen sie ab. Tante Gitta ruft noch

Tante Gitta: „Bis später! Zeig´s ihm, Jungchen!"

Karl Krönig macht Tante Gittas Stimme nach.

Karl Krönig: „So, Rudilein. Wir beide haben noch ein Hühnchen miteinander zu rupfen, mein Jungchen."

Käpten Schisshose: „Ich wüsste nicht, was ich mit dir zu rupfen hätte, du feiger Kerl."

Karl Krönig: „Na, dann hör mal gut zu, mein Kleiner!
Als ich damals deinen Vater getroffen habe, da hat er mich angegriffen.
Ich hatte an diesem Tag aber schlimme Bauchschmerzen und überhaupt keine Lust auf ein Kämpfchen."

Käpten Schisshose: „Pah, und das soll einer glauben?"

Karl Krönig: „So war es aber. Dein Vater wollte meine Schwäche ausnutzen und nannte mich tatsächlich einen Feigling. Mich! Den großen Karl Krönig. Das konnte ich mir natürlich nicht gefallen lassen ...
Und wie das Ganze dann ausging, weißt du ja ..."

Käpten Schisshose: „Du hast das Schiff meines Vaters ganz hinterhältig versenkt, nachdem er dich besiegt hatte.

Fanny und Fred: „Ja, genauso war´s!!"

Karl Krönig: „Ruhe dahinten, sonst lass ich euch den Mund stopfen!"

Karl Krönig: „Oh nein, so war es nicht. DAS war ein bedauernswerter Unfall. Aber das ist ja jetzt auch egal. Auf jeden Fall hat dein Vater bis zum Schluss behauptet, ich wäre ein Feigling und sein mutiger Sohn Rudi würde ihn fürchterlich rächen. Na? Was sagst du denn dazu?"

Käpten Schisshose lässt den Kopf hängen. Er schämt sich.

Karl Krönig: „Nach dem Piratengesetz hättest du das auch tun müssen, aber dafür hattest du ja viel zu viel Angst. Ich dachte, du hättest wenigstens ein bisschen Piratenehre, aber so, wie es aussieht, bist du ja wohl der größte Angsthase der sieben Weltmeere."

Die Piraten lachen Käpten Schisshose aus.
Sie hüpfen herum und schreien:

Krönig-Piraten: „Angsthase, Pfeffernase, kauf dir eine Blumenvase!"

Karl Krönig
(brüllt): „Ruhe!"

Sofort ist es wieder still.

Karl Krönig: „Ich musste also eine List anwenden, um dich hierher zu locken, du Witzfigur. Ich habe nämlich ein Ehrgefühl. Und meine Piratenehre sagt mir, dass ich dir die Möglichkeit geben muss, deinen Vater zu rächen."

Er grinst Käpten Schisshose herausfordernd an.

Karl Krönig: „Natürlich werde ich dich besiegen und dann wirst du für mich arbeiten müssen, bis du alt und bucklig bist, hohoho."

Käpten Schisshose wirkt, als sei er am Boden zerstört. Er murmelt.

Käpten
Schisshose: „Und was ist mit Tante Gitta?“

Karl Krönig: „Nach unserem Kampf ist sie frei. Genauso wie deine Mannschaft. Schließlich bin ich ein Ehrenmann.“

Fanny
und Fred: „Dass ich nicht lache! Karl Krönig und ein Ehrenmann. Pah!“

Karl Krönig: „Ruhe da, ihr beiden. Ich habe euch gewarnt.“

Käpten
Schisshose: „Und ... Und was ist ... was ist, wenn ... wenn ich gewinne?“

Karl Krönig: „Hohoho, habt ihr das gehört?
Hahaha, ich lach mich schlapp.“

Karl lacht sich weg und seine Piraten lachen ebenfalls wie verrückt. Karl japst vor Lachen.

Karl Krönig: „Na, du hast vielleicht Träume ...
Aber wenn du es genau wissen willst ...
Falls du gewinnen solltest, dann kannst du mich auf einer einsamen Insel aussetzen und du bekommst meine größte Schatzkiste. Meine Mannschaft darf allerdings das Schiff behalten und gehen, wohin sie will. Aber das wird natürlich niemals passieren.“

Die Krönig-Piraten lachen wieder laut und anhaltend.

Käpten
Schisshose: „Was ist mit der Möglichkeit, sich freizukaufen?
So will es schließlich das Piratengesetz.“

Karl Krönig poltert ganz laut und empört.

Karl Krönig: „Keine Chance! Der Gewinner gewinnt und damit Schluss! Den Kampf tragen wir ganz alleine aus. Ohne Zuschauer. Dann musst du dich nicht noch mehr schämen, verstehst du? Ich bin halt ein Ehrenmann."

Fanny und Fred: „Pah!!!"

Karl Krönig: „Genug geredet! Stulle und Bolle (er zeigt auf zwei seiner Piraten), ihr bringt ihn in die Schatzhöhle. Dort werden wir einen fairen Piratenkampf austragen. Ihr anderen wartet hier. Es dauert sicher nicht lange!"

Karl Krönig packt sich Käpten Schisshoses Säbel und verlässt die Höhle. Die zwei Piraten packen Käpten Schisshose und bringen ihn weg.

Fred und Fanny: „Ahoi, Käpten! Mach´s gut!"

Vorhang/Umbau

6. Szene

Gleiches Bühnenbild wie in Szene 5.
Man kann allerdings noch mehr Kisten aufstellen, da es ja die Schatzhöhle sein soll. Karl Krönig, Käpten Schisshose und die beiden Piraten Stulle und Bolle erscheinen.

Karl Krönig: „Ihr könnt ihn jetzt mir überlassen!"

Stulle und Bolle: „Ai, Käpten." (sie verschwinden)

Karl Krönig und Käpten Schisshose müssen seitlich zum Publikum stehen, damit man sie gut sehen kann. Karl Krönig stellt sich vor Käpten Schisshose und schaut ihm in die Augen.

Karl Krönig: „Dreh dich um!"

Käpten Schisshose: „Willst du m ... mir etwa den S ... Säbel feige von hinten in den Rücken stechen?"

Karl Krönig: „Aber nicht doch. Dreh dich um!"

Käpten Schisshose schüttelt wild den Kopf.

Karl Krönig: „Bitte, Rudi, tu mir den Gefallen."

Käpten Schisshose: „Also, was ist das denn jetzt für ein Trick? Du bittest mich darum?"

Karl Krönig: „Ja, bitte dreh dich doch einfach mal um."

Käpten
Schisshose: „Also gut. Es bleibt mir ja auch nichts anderes übrig.“

Käpten Schisshose dreht sich seitlich, kneift die Augen zusammen und dreht sich langsam um. Dann reißt er erstaunt die Augen wieder auf und raunt ins Publikum.

Käpten
Schisshose: „Was ist das denn? Er schneidet tatsächlich meine Fesseln durch. Na warte, dir werde ich´s zeigen.“

Er wirbelt herum und entreißt Karl Krönig den Säbel. Sie müssen seitlich zum Publikum stehen. Karl Krönig weicht etwas zurück und Käpten Schisshose setzt ihm den Säbel an den Hals. Muss bedrohlich aussehen.

Käpten
Schisshose: „Na, Karlchen, glaubst du jetzt, dass ich gewinne? Damit hast du nicht gerechnet, was?“

Karl Krönig:
(ganz ruhig) „Doch, hab ich. Aber willst du wirklich gegen einen wehrlosen Piraten kämpfen. Ich habe schließlich keine Waffe.“

Käpten Schisshose überlegt kurz, dann lässt er den Säbel sinken.

Käpten
Schisshose: „Was soll das Ganze hier? Was hast du vor?“

Karl Krönig: „Leg doch bitte den Säbel weg, dann erkläre ich dir alles, okay?“

Käpten Schisshose schüttelt verwundert den Kopf, zuckt mit den Achseln, legt dann aber den Säbel neben sich auf den Boden.

Karl Krönig: „Danke!“

Käpten Schisshose: „Du bist mir richtig unheimlich, wenn du so höflich mit mir sprichst.“

Karl Krönig lacht leise vor sich hin.

Karl Krönig: „Das glaube ich dir. Aber lass dir erklären, was los ist. Setz dich doch bitte hin. Es könnte etwas länger dauern.

Käpten Schisshose: „Na gut, aber mach keine krummen Sachen!
Ich bin schneller am Säbel als du, vergiss das nicht!“

Karl Krönig: „Keine krummen Sachen. Versprochen!
Also, die Sache mit deinem Vater tut mir wirklich leid.“

Käpten Schisshose schnaubt geringschätzig.

Käpten Schisshose: „Pah, das soll glauben, wer will ...“

Karl Krönig: „Ehrlich. Es war ein Unfall. Er hatte mich angegriffen, das stimmt. Ich konnte ihn aber besiegen und erlaubte ihm dann, sich mit einer Kiste voller Gold freizukaufen. Das verlangt die Piratenehre.“

Käpten Schisshose nickt.

Käpten Schisshose: „Und dann hast du sein Schiff trotzdem versenkt, du Widerling.“

Karl Krönig: „Nein! So war es nicht. Als dein Vater auf sein Schiff zurückgekehrt war, wollte einer seiner Männer uns eins auswischen.“

Käpten Schisshose: „Wie sollte das denn gehen? Hatte mein Vater den Befehl dazu gegeben? Das glaube ich niemals! Er war ein Ehrenmann.“

Karl Krönig: „Das war er. Doch der Pirat hat ohne Befehl gehandelt. Dein Vater wusste nichts davon.“

Käpten Schisshose: „Was hat der Pirat getan?“

Karl Krönig: „Er zündete eine Kanone und wollte uns eine Breitseite verpassen, die uns versenkt hätte. Doch dabei sprang ein Funke in das Fass mit Schießpulver, das neben der Kanone stand. Es gab eine riesige Explosion und das Schiff deines Vaters versank mit Mann und Maus.“

Käpten Schisshose: „Und das soll ich dir glauben? Warum erzählst du denn dann überall herum, dass du sein Schiff versenkt hast?“

Karl Krönig: „Dafür gibt es zwei Gründe. Erstens musste ich das tun, sonst hätte kein Pirat der sieben Weltmeere noch Respekt vor mir gehabt. Sie hätten mich ausgelacht und meine Mannschaft hätte dann nicht mehr zu mir gestanden.“

Käpten Schisshose: „Und zweitens?“

Karl Krönig: „Und zweitens wollte ich dich unbedingt zu mir locken.

Käpten
Schisshose: „Zu dir locken? Wieso das denn? Warum gerade ich?“

Karl Krönig wirkt plötzlich sehr verlegen.
Rutscht herum, guckt zu Boden etc.

Karl Krönig: „Äh ja, es ist nämlich so ...“

Käpten
Schisshose: „Ja??“

Karl Krönig: „Also, es ist nämlich Folgendes ...“

Käpten
Schisshose: „Jaaa???“

Karl Krönig: „Es ist eigentlich ganz einfach ...“

Käpten
Schisshose: „Jaaaaa???“

Karl Krönig: „Ich bin verliebt!“

Käpten Schisshose ist völlig verwirrt.

Käpten
Schisshose: „Häh???
Wie jetzt?
In wen?
In mich???“

Karl Krönig springt erschrocken auf und ruft entsetzt.

Karl Krönig: „Oh Gott, nein! Natürlich bin ich nicht in dich verliebt,
Zu Hilfe!“

Er schüttelt sich.

Käpten Schisshose: „Dann ist es ja gut. Aber in wen bist du denn dann verliebt? Und was hat das alles mit mir zu tun?"

Karl Krönig: „Also, es ist so ... Es ist die lustige Lilli. Ich bin in die lustige Lilli verliebt."

Käpten Schisshose: „Aha! Schön für dich. Und weiter?"

Karl Krönig: „Wir beide wollen heiraten, aber das ist nicht so einfach. Deshalb haben wir uns einen Plan ausgedacht, und für den Plan brauchen wir dich."

Käpten Schisshose: „Mich? Wieso mich?"

Karl Krönig: „Weil du, lieber Rudi, der einzige Pirat der sieben Weltmeere bist, der nicht gerne kämpft."

Käpten Schisshose: „Ich verstehe zwar überhaupt nix, aber erklär es mir mal!"

Karl Krönig: „Also, es ist folgendermaßen ...

Die beiden stecken die Köpfe zusammen.

Vorhang/Umbau

7. Szene

Zurück in der Räuberhöhle von Szene 5.
Fred und Fanny nach wie vor gefesselt, die Krönig-Piraten stehen herum.
Man merkt, dass sie schon lange warten.

Krönig-Pirat: „Wo bleiben die denn nur?"

Fanny: „Ja, wo bleiben die nur?"

Fred: „Vielleicht hält sich unser Käpten besser als erwartet."

Fanny: „Das wär ja ein Ding! Vielleicht hat er ja doch eine Chance?"

Ein anderer Krönig-Pirat: „Ruhe, ihr beiden! Unser Käpten lässt den Angsthasen einfach nur ein bisschen zappeln."

Die Krönig-Piraten lachen zustimmend.

Ein anderer Krönig-Pirat: „Genau! Karl Krönig spielt nur noch ein bisschen Ringelreihen mit eurem Angstpupser."

Wieder lachen die Krönig-Piraten abfällig.

Krönig-Pirat: „Ruhe! Ich glaub, ich hör was!"

Tatsächlich hören sie ein Geräusch und dann betreten Karl Krönig und Käpten Schisshose die Szene. Käpten Schisshose geht hinter Karl Krönig, der die Hände vor dem Körper gefesselt hat. Käpten Schisshose hält ihm den Degen in den Rücken. Karl Krönig sieht abgekämpft aus. Das Hemd ist aus der Hose gerutscht und schmutzig. Er trägt keinen Hut

und seine Haare sind total durcheinander.
Sie stellen sich seitlich zum Publikum auf.

Die Krönig-Piraten sind zuerst wie versteinert. Dann zieht einer der Piraten seinen Säbel, tritt vor und schreit.

Krönig-Pirat: „Sollen wir ihn fertig machen, Käpten?“

Käpten Schisshose stupst ihn mit dem Säbel in den Rücken.

Käpten
Schisshose:
(grimmig) „Los, sag´s ihnen!“

Karl Krönig windet sich.

Karl Krönig: „Leute, legt eure Waffen nieder und befreit seine Piraten! Rudi Plankenhieb der Zweite hat mich im fairen Zweikampf besiegt.“

Krönig-Pirat: „Wir machen sie fertig! Kein Problem, Käpten!“

Karl Krönig: „Nein!!! Ich bin ein Ehrenmann. Ihr tut, was ich sage!“

Die Krönig-Piraten legen ihre Waffen vor sich in den Sand.
Ein Krönig-Pirat geht zu Fanny und Fred und löst ihre Fesseln. Sie stehen auf und stellen sich neben Käpten Schisshose.
Die restlichen Piraten stehen dumm herum und wissen nicht, was sie tun sollen.

Krönig-Pirat: „Und was jetzt, Käpten?“

Karl Krönig: „Ihr müsst aufs Schiff zurück. Dann segelt ihr nach Baleno. Jerry, du übernimmst bis dahin das Kommando. Wenn ihr in Baleno seid, wählt einen neuen Käpten. Mich werdet ihr nie wiedersehen!“

Krönig-Pirat: „Was wird er mit dir anstellen?“

Karl Krönig schaut auf den Boden, will eigentlich nicht antworten. Käpten Schisshose stupst ihn nochmals mit dem Säbel. Er schaut sehr grimmig.

Käpten Schisshose: „Los, sag´s schon!

Karl Krönig: „Ich werde mit Rudi Plankenhieb auf die Wellentiger gehen und tun, was immer er von mir verlangt.“

Krönig-Pirat: „Aber Käpten, du kannst dich doch mit Gold freikaufen!“

Käpten Schisshose: „Nein! Das kann er nicht! Er hat es doch selbst so großspurig abgelehnt. Ihr ward doch selbst dabei. Stimmt´s Karl?“

Karl Krönig: (nickt) „Ja, es ist wahr. Ich war so sicher, dass ich gewinnen würde, dass ich mich selbst als Preis eingesetzt habe. Ich bin nicht länger euer Käpten.“

Die Krönig-Piraten murren und knurren.

Karl Krönig: „Verlasst die Insel, Leute, und vergesst mich!“

Krönig-Pirat: „Aber Käpten, wir ...“

Karl Krönig: „Genug jetzt. Geht! Geht endlich! Holt euch unser Gold. Nur die größte Kiste ist für die Mannschaft der Wellentiger. Los, geht! GEHT!!!“

Nun kommt Bewegung in die Krönig-Piraten. Einer nach dem anderen verlässt die Szene, winkt seinem Käpten noch einmal zu und geht ab. Als alle verschwunden sind, sagt Käpten Schisshose zu Fanny.

Käpten
Schisshose: „Fanny, bitte folge ihnen und vergewissere dich, dass sie die Insel auch wirklich verlassen!“

Fanny: „Ai, Käpten!“

Geht ab.

Käpten
Schisshose: „Und du, Fred. Hol doch mal bitte meine Tante her. Dann können wir endlich hier weg.“

Fred: „Wird gemacht, Käpten.“

Geht ab.

Käpten
Schisshose: „Beeil dich!“

Kurz darauf kehrt Fred mit Tante Gitta zurück.

Tante Gitta: „Ach, Rudi, du guter Junge. Ich bin ja so froh, dass ich jetzt bald wieder nach Hause kann.“

Dann wendet sie sich verärgert an Karl Krönig.

Tante Gitta: „Herr Krönig! Was sollte denn das Ganze?“

Käpten
Schisshose: „Warte mal bitte einen Moment, Tante Gitta!

Wendet sich an Fred.

Käpten
Schisshose: „Fred, sei bitte so nett und hilf Fanny, die große Schatzkiste auch sicher hierher zu bringen.“

Fred: „Ai, Käpten.“

Fred geht ab.

Käpten
Schisshose: „So, das hätten wir.“

Er legt seinen Säbel weg und nimmt Karl Krönig seine Fesseln ab. Der reibt sich die Handgelenke und strahlt.

Karl Krönig: „Das hat ja prima geklappt. Wenn das so weitergeht, bin ich bald der glücklichste Pirat der Welt.

Tante Gitta: „Aber Rudi, du kannst ihm doch nicht die Fesseln abnehmen. Dann haut er doch ab!“

Käpten
Schisshose: „Wird er nicht!“

Karl Krönig: „Werd ich nicht!“

Tante Gitta ist sehr verwirrt.

Tante Gitta: „Jetzt verstehe ich überhaupt nichts mehr. Oh, mir schwirrt der Kopf. Ich muss mich setzen.“

Setzt sich auf eine Kiste und guckt ganz groß.

Vorhang

8. Szene

Gleiches Bühnenbild wie bei Szene 7.
Karl Krönig, Käpten Schisshose und Tante Gitta haben sich Kisten herangezogen, sich darauf gesetzt und reden miteinander.

Tante Gitta: „Ihr beide seid mir nun wirklich eine Erklärung schuldig."

Karl Krönig: „Sehr geehrte Tante Gitta. Es tut mir außerordentlich leid, dass ich Sie entführen musste, aber ich kann alles erklären.

Tante Gitta: „Da bin ich aber sehr gespannt, Herr Krönig. Dann lassen Sie mal hören!"

Karl Krönig: „Also es ist so ...
Ich habe mich in die lustige Lilli verliebt und sie auch in mich. Wir beide wollen heiraten ..."

Tante Gitta: „Moment mal, ist die lustige Lilli nicht die Tochter vom einäugigen Eugen?"

Karl Krönig: „Ja genau. Und das ist auch das Hauptproblem."

Tante Gitta: „Oje, das kann ich mir gut vorstellen. Der einäugige Eugen hat sehr genaue Vorstellungen, wie ein Pirat zu sein hat, nicht wahr?"

Karl Krönig: „Und ob! Er ist sehr streng mit seiner Mannschaft und auch mit Lilli. Einmal Pirat, immer Pirat, das ist sein Wahlspruch."

Tante Gitta: „Ja, so ist er, der Eugen. Mit einer Hochzeit wäre er nie und nimmer einverstanden, habe ich recht?"

Karl Krönig: „Genauso ist es. Er will, dass Lilli sein Schiff übernimmt, wenn er in Rente geht und wenn sie ihm gesagt hätte, dass sie mit mir weggehen will, dann hätte er sie auf einer einsamen Insel ausgesetzt. Tochter hin oder her."

Tante Gitta: „Und Sie, Herr Krönig, hätte er zu einem Kampf auf Leben und Tod herausgefordert. Das verlangt die Piratenehre. Ich verstehe. Also mussten Sie ihn austricksen."

Karl Krönig: „Genau! Rudi hat so getan, als ob er mich besiegt hätte und jetzt bin ich frei für meine süße Lilli."

Er guckt ganz verliebt.

Käpten Schisshose: „Karl hat mir dafür seine größte Schatztruhe versprochen. So hat die ganze Mannschaft etwas davon. Und wir werden ihn am Karboren-Riff aussetzen."

Karl Krönig: „Ja, und dort werde ich meine Lilli treffen."

Tante Gitta: „Oh, ist das romantisch."

Karl Krönig: „Wir werden weit weg segeln, sodass uns ihr Vater nicht findet und ein ganz neues Leben anfangen."

Tante Gitta: „Was schwebt Ihnen beiden denn da vor?"

Karl Krönig: „Ich kann ganz gut kochen und Lilli ist eine gute Rechnerin. Vielleicht eröffnen wir ein Restaurant oder eine Tauchschule."

Tante Gitta:
(ganz verdattert) „Aber ... Wollen Sie denn kein Pirat mehr sein?"

Karl Krönig: „Ehrlich gesagt, war ich nie gerne ein Pirat. Immer musste ich tun, als wäre ich schrecklich gemein und böse. Auch das Rauben und Kämpfen hat mir nie wirklich Spaß gemacht. Aber damit ist es ja nun zum Glück vorbei."

Tante Gitta: „Rudi hat nie so getan, als würde das Piratenleben ihm Spaß machen, nicht wahr, Rudilein?"

Käpten Schisshose schämt sich ein bisschen. Er zieht den Kopf ein und schaut verlegen.

Karl Krönig: „Ja, das stimmt, Tante Gitta. Und deshalb habe ich ihn schon immer bewundert."

Wendet sich an Käpten Schisshose.

Karl Krönig: „Du hast dich nie verstellt, um den anderen zu gefallen. Du warst viel mutiger als ich, Rudi, und viel ehrlicher."

Tante Gitta: „Ach Rudilein, ich bin ja so stolz auf dich."

Karl Krönig: „So ... genug erklärt, denke ich. Wann geht es denn nun endlich los?"

Käpten Schisshose: „Moment noch! Außer uns darf sonst niemand von dem Plan erfahren."

Tante Gitta: „Oh natürlich. Ihre Piraten wären sonst ziemlich enttäuscht von Ihnen, Herr Krönig, nicht wahr?"

Karl Krönig: „Das kann man wohl sagen. Sie würden sich sicher an mir rächen wollen. Also muss das Ganze unbedingt unser Geheimnis bleiben."

Tante Gitta: „Aber natürlich! Das ist doch wohl ganz klar. Wir schwören auf unsere Piratenehre, dass wir das Geheimnis für uns behalten."

Karl Krönig: „Ja bitte und vielen Dank!"

Käpten Schisshose: „Genauso machen wir es!"

Alle drei stehen auf, strecken die rechte Hand vor und jeder legt seine Hand auf die des anderen. Dann schwören sie feierlich.

Karl Krönig, Käpten Schisshose, Tante Gitta: „Wir schwören auf unsere Piratenehre, dass wir das Geheimnis von Karl Krönig für uns behalten werden."

Dann lassen sie ihre Hände sinken und Käpten Schisshose wendet sich an Karl Krönig.

Käpten Schisshose: „So, Karl, das wäre also erledigt. Jetzt sollte ich dich besser wieder fesseln, bevor meine Leute zurückkommen."

Karl Krönig: „Du hast recht, Rudi, schnapp dir auch deinen Säbel wieder!"

Käpten Schisshose fesselt Karl Krönig, hebt seinen Säbel auf, stellt sich wieder hinter ihn und schaut grimmig drein. Auch Tante Gitta schaut grimmig.
Es rumpelt und dann erscheinen Fred und Fanny mit einer großen Schatzkiste. Sie setzen die Kiste ab.

Fanny: „Melde, dass die Krönig-Piraten abgezogen sind. Bis auf den letzten Mann.“

Fred: „Melde außerdem die Übernahme der größten Schatztruhe, gefüllt mit Gold, Silber und Edelsteinen. Und das ging rasend schnell. Schließlich bin ich der flotte Fred.“

Fanny,
Tante Gitta,
Käpten
Schisshose: „Ja, Fred!“

Käpten
Schisshose: „Gut gemacht, Leute. Na, dann auf zur Wellentiger.“

Fred,
Fanny und
Tante Gitta: „Ja, auf zur Wellentiger!“

Gehen ab.

Vorhang/Umbau

9. Szene

Gleiches Bühnenbild wie in Szene 3.
An Bord der Wellentiger.
Fred, Jens, Fanny und Haken-Hein, Dieter, Kuddel, Piet und Tom stehen zusammen und reden.
Jens steht am Steuerrad und alle hören Fred und Fanny aufmerksam zu. (Während des Gesprächs ertönen immer einmal Rufe des Erstaunens oder der Zustimmung.)

Jens Ruderblatt: „Und dann hat er ihn gefesselt zu euch in die Höhle zurückgebracht?"

Fanny: „Ja und Karl war total verschwitzt und dreckig. Er muss sich ganz schön gewehrt haben."

Fanny setzt sich wieder auf das Fass.

Fred: „Aber unser Käpten hat ihn besiegt!

Fanny: „Genau! Und dann haben Fred und ich die Schatzkiste geholt. Die Krönig-Piraten haben vielleicht blöd geguckt, kann ich euch sagen."

Fred: „Aber sie haben nicht angegriffen, sondern das gemacht, was Karl Krönig ihnen befohlen hatte. Und das war auch gut so, denn sonst hätten sie einmal meinen schnellen Degen kennengelernt, hohoho!"

Alle anderen: „Ja, Fred!"

Tom: „Die Krönig-Piraten sind dann wirklich weggesegelt, stimmt´s?"

Fanny: „Stimmt genau. Wir haben uns die Kiste geschnappt und dann sind wir wieder hierher zurück zur Wellentiger gekommen."

Fred: „Tante Gitta geht es auch gut. Sie ist schon bei Friedel und backt Waffeln für uns."

Die Piraten jubeln.

Jens Ruderblatt: „Man erkennt unseren Käpten kaum wieder. Jetzt ist er schon seit Stunden mit Karl alleine in seiner Kajüte. Er scheint gar keine Angst mehr zu haben."

Haken-Hein: „Das wurde aber auch Zeit."

Kuddel: „Mit so einem Käpten macht das Piratenleben wirklich Spaß. Habt ihr mal in die Kiste reingeguckt?"

Dieter: „Und ob. Die ist bis obenhin gefüllt mit den feinsten Schätzen. Das hat sich wirklich gelohnt."

Die Piraten jubeln.

Piet: „Gleich sind wir am Karboren-Riff. Dort wird der widerliche Karl Krönig von uns ausgesetzt. Dann hat die Welt endlich Ruhe vor dem Kerl."

Kuddel: „Vom Karboren-Riff kommt der nie wieder weg. Da kann er sich einen Bart wachsen lassen."

Alle lachen.

Tom: „Das wird aber ein langer Bart. Von hier ... bis ..."

Er will die Länge des Bartes durch Schritte andeuten, fällt aber um.

Alle lachen.

Dieter: „Achtung, sie kommen."

Karl Krönig und Käpten Schisshose betreten das Deck. Käpten Schisshose guckt wieder so grimmig, wie er kann.

Käpten Schisshose: „Kuddel und Piet, macht das Beiboot fertig. Wir sind gleich am Riff angekommen."

Kuddelund Piet: „Ai, Käpten."

Gehen ab.

Käpten Schisshose: „Dieter und Tom, ihr besorgt die Gegenstände, die er mitnehmen darf.
Legt sie ins Boot und dann lasst es zu Wasser!"

Dieter und Tom: „Ai, Käpten."

Gehen ab.

Käpten Schisshose: „Hein, würdest du unseren Gast hinüberrudern?"

Hein: „Geht klar, Käpten.
Soll ich ihm drüben dann auch das Messer geben?"

Käpten Schisshose: „Ja, Hein. Er bekommt ein Fass Trinkwasser, Schiffszwieback für zwei Wochen und drei

Streichhölzer. Außerdem wird ihm zum Schluss ein Messer überlassen. So verlangt es die Piratenehre."

Hein: „Ai, Käpten."

Geht ab.

Käpten Schisshose: „So, Karl Krönig. Das ist nun dein Schicksal. Du wirst auf dem Karboren-Riff bleiben, bis du verrottest."

Karl Krönig: „Vielleicht habe ich Glück und es kommt ein Schiff vorbei."

Er grinst.

Käpten Schisshose: „Das Grinsen wird dir schon noch vergehen, denn hierher verirrt sich niemals jemand."

Fred: „Genau, du Halunke. Einen schönen Aufenthalt wünsche ich dir."

Fanny: „Auch von mir ... Viel Spaß beim Sandkörner zählen."

Käpten Schisshose: „So ... und jetzt los!".

Karl Krönig und Käpten Schisshose gehen ab.
Fred und Fanny winken ihnen hinterher.

Fred und Fanny: „Auf Nimmerwiedersehen, Karl. Mach´s guhut!"

Vorhang/Umbau

10. Szene

Gleiches Bühnenbild wie bei Szene 2.
Die Wellentiger liegt wieder in Torongo vor Anker.
Kaimauer ist sichtbar (hoch geklappt)
An Deck sind Jens, Dieter, Kuddel, Hein, Piet, Tom, Fanny und Fred.
Fanny sitzt auf einem Fass.
Fred hat einen Spiegel vor dem Gesicht und kämmt sich die Haare.
Dieter isst einen Schokoriegel und schaut gelangweilt über die Reling.
Die anderen sitzen auf Eimern herum, wickeln Seile auf oder spielen Karten (oder ein Brettspiel) Jens steht gelangweilt herum.

Fanny: „Oh Mann, ist das langweilig!"

Fred: „Jetzt liegen wir schon wieder seit Wochen hier vor Anker."

Dieter:
(kauend) „Ich habe schon vier Kilo zugenommen. Wenn das so weitergeht, passt mir bald keine Hose mehr."

Kuddel schaut vom Kartenspiel (oder was er gerade tut) auf.

Kuddel: „Beim letzten Gewitter hat sich unser Käpten wieder im Bett versteckt."

Tom: „Dabei war alles so toll, als wir hier ankamen."

Fanny: „Wir haben wilde Piratenlieder gesungen."

Dieter: „Wir haben wilde Piratentänze getanzt."

Fred: „Ich habe gaaanz schnell getanzt."

Alle: „Ja, Fred."

Hein: „Ich habe wilde Piratensprünge gemacht."

Piet: „Wir waren alle gut gelaunt und haben gefeiert wie richtige Piraten. Und jetzt ...?"

Alle: „Und jetzt ...?"

Fanny: „Seien wir doch mal ehrlich. Es ist genauso wie vorher. Von dem angeblichen Mut unseres Käptens ist nicht mehr viel übrig."

Die anderen nicken und murren zustimmend.

Hein: „Ich möchte mein Piratenleben lieber auf hoher See beenden, als an einer Kaimauer."

Jens Ruderblatt: „Na, Hein. So weit ist es ja wohl noch lange nicht."

Fanny: „Aber es ist langweilig!"

Die anderen nicken und murren zustimmend.

Jens Ruderblatt: „Ihr habt recht. Ich werde mit ihm reden müssen. So kann es nicht weitergehen."

Unsichtbar, hinter der Bühne ruft jemand, es ist Friedel (kann von einem anderen Kind gerufen werden.)

Friedel: „Essen ist fertig! Kommt essen!"

Kuddel: „Hoffentlich hat er heute nicht schon wieder das Essen anbrennen lassen, sonst gibt es was auf die Mütze."

Tom: „Ja, auf die Kochmütze."

Er geht ab und stolpert dabei natürlich.

Fred: „Kommt, lasst uns essen gehen! Danach machen wir ein paar Probekämpfchen. Dann ist wenigstens ein bisschen was los hier."

Er geht ab und die anderen folgen ihm.

Vorhang

11. Szene

Gleiches Bühnenbild wie in der Szene 10.
Käpten Schisshose steht allein an Bord.
Er sieht bekümmert aus.
Er seufzt laut.

Käpten
Schisshose: „Was soll ich nur machen?"

Er seufzt wieder.

Käpten
Schisshose: „Seit wir von unserem Abenteuer zurück gekommen sind, bin ich immer ängstlicher geworden."

Er seufzt wieder.

Käpten
Schisshose: „Dabei hatte ich fast gar keine Angst mehr, als wir auf der Knocheninsel waren."

Er seufzt wieder.

Käpten
Schisshose: „Ich war sogar richtig wütend auf Karl Krönig und hätte auch mit ihm gekämpft. Jawohl! Das hätte ich."

Er seufzt wieder.

Käpten
Schisshose: „Und nun? Meine Angst ist wieder da und

ich traue mich gar nichts mehr. Wir liegen hier im Hafen fest und meine Mannschaft langweilt sich. Sie spielen sogar Memory und machen Puzzles. Nur um sich die Zeit zu vertreiben. Wie soll das nur weitergehen?“

Er seufzt wieder.
Jens Ruderblatt erscheint. Er hat einen Brief in der Hand.

Jens Ruderblatt: „Hier, Käpten! Es ist ein Brief für dich angekommen.“

Käpten Schisshose: „Ein Brief? Für mich? Das ist ja interessant. Lass mal sehen!“

Er nimmt den Brief, reißt ihn auf, liest und setzt sich vor Schreck auf den Po.

Jens Ruderblatt: „Käpten? Ist alles in Ordnung?“

Käpten Schisshose: „Jens, ich muss nachdenken. Bitte lass mich einen Moment allein.“

Jens Ruderblatt: „Ai, Käpten.“

Jens geht ab.

Käpten Schisshose liest noch einmal den Brief, schaut dabei einige Male auf, schaut ins Publikum, kommentiert, was er liest. Während er liest, kommt einer nach dem anderen seiner Piraten an Deck und schauen ihm

dabei zu, ohne dass er es bemerkt. Sie werfen sich wissende Blicke zu und zeigen sich an, dass sie den Mund halten und still sein sollen. Als Letzter kommt auch Jens dazu.

Käpten
Schisshose: „Oh je!"

Käpten
Schisshose: „Nein! Wie schrecklich!"

Käpten
Schisshose: „Fürchterlich, einfach fürchterlich!"

Käpten
Schisshose: „Da muss man doch was tun!"
Käpten
Schisshose: „Ich kann es einfach nicht glauben. Ich muss es noch einmal lesen."

Jens
Ruderblatt: „Käpten?"

Käpten
Schisshose: „Häh?"

Er sieht seine Piraten, stellt sich schnell hin und tut so, als sei er ausgerutscht.

Käpten
Schisshose: „Ähäm ... Ja, da seid ihr ja alle."

Fanny: „Gibt es etwas Neues, Käpten?"

Käpten Schisshose: „Tja, ähm. Es gibt da tatsächlich etwas."

Fred: „Egal, was es ist ... Ich bin dabei!"

Alle: „Ja, Fred."

Käpten Schisshose strafft sich. Dann sagt er laut und deutlich:

Käpten Schisshose: „Mannschaft der Wellentiger. Ich habe soeben etwas erfahren, dass uns zum Handeln zwingt. Seid ihr bereit für ein neues, gefährliches Abenteuer?"

Die Piraten sind zuerst wie erstarrt, dann rufen sie laut durcheinander. Sie sind begeistert, hüpfen vor Freude herum und schreien durcheinander.

Alle: „Ja! Super! Es geht wieder los! Wir stechen wieder in See!"

Jens Ruderblatt: „So, Leute, beruhigt euch! RUHE!"

Es kehrt wieder Ruhe ein.

Tom: „Vielleicht finden wir einen neuen Schatz!"

Alle: „Ja! Super!"

Fanny: „Oder wir müssen mit anderen Piraten kämpfen."

Alle: „Das wäre spitze!"

Kuddel: „Oder wir treffen auf ein Seemonster."

Alle: „Ein richtiges Abenteuer!"

Hein: „Vielleicht müssen wir uns gegen einen Riesenkraken wehren."

Alle: „Igitt, das lieber nicht!"

Fred: „Egal, was kommt, ich werde jedenfalls so schnell kämpfen, wie der Wind."

Alle: „Ja, Fred!"

Jens Ruderblatt: „Hört zu, Leute! Egal, was uns erwartet. Wir halten zusammen!"

Alle: „Ja!"

Dieter: „Und wir halten zu unserem Käpten!"

Alle: „Ja!!!"

Jens Ruderblatt: „Wie lauten deine Befehle, Käpten?"

Käpten Schisshose: „Anker einholen und die Segel setzen! Kurs Nord-Nord-West. Ein neues Abenteuer erwartet uns.

Alle Piraten strecken den rechten Arm in die Luft und sie rufen:

Alle: „Auf zu neuen Abenteuern!“

Zum Abschluss singen alle Schauspieler das Käpten-Schisshose Lied. Während sie singen, kommen auch die restlichen Schauspieler auf die Bühne und singen mit.

Das Publikum kann dabei mitsingen, wenn es das Programmheft hat, auf dessen Rückseite der Text des Liedes abgedruckt ist.

Alle Akteure verbeugen sich und rufen

„Ahoi!“